Das Grundschulwörterbuch
Sag es besser!

von Ulrike Holzwarth-Raether und Elisabeth Raether
mit Bildern von Kerstin Meyer

Dudenverlag
Mannheim • Leipzig • Wien • Zürich

Nach den ab 1. 8. 2006 verbindlichen Rechtschreibregeln.

Bibliografische Information der Deutschen Nationalbibliothek
Die Deutsche Nationalbibliothek verzeichnet diese Publikation
in der Deutschen Nationalbibliografie;
detaillierte bibliografische Daten sind im Internet
über http://dnb.ddb.de abrufbar.

Redaktionelle Leitung: Eva Günkinger, Katja Schüler
Redaktion: Anja Fischer
Beratung: Gerhild Michel-Kerpes
Herstellung: Claudia Rönsch
Satz: UMP Utesch Media Processing GmbH, Hamburg
Umschlaggestaltung: Mischa Acker
Druck und Bindung: Stürtz GmbH, Würzburg

Printed in Germany
ISBN-13: 978-3-411-72051-4
ISBN-10: 3-411-72051-4

Dein Wörterbuch hilft dir beim Schreiben

Stell dir vor, du schreibst eine Geschichte über dein Hobby. Fußballspielen zum Beispiel oder Reiten. Dann brauchst du eine Menge treffender Wörter. Denn je genauer und lebendiger du schreibst, desto besser verstehen dich deine Leserinnen und Leser. Sie werden deinen Text gerne lesen, wenn du Wörter verwendest, die ihn schön und ansprechend machen.

Bei der Suche nach den passenden Wörtern hilft dir dieses Buch. Es enthält viele verschiedene Ausdrücke für mehr als 500 Begriffe, die du häufig benutzt. Die Auswahl ist so groß, dass du bestimmt die richtigen Wörter für deine Texte findest.

Auch die Erwachsenen benutzen so ein Wörterbuch. Sie nennen es Synonymwörterbuch. „Synonyme“ sind Wörter, die dieselbe, fast dieselbe oder ähnliche Bedeutung haben. Weil man – je nach Zusammenhang im Satz – das eine durch das andere Wort ersetzen kann, nennt man die Synonyme auch „Ersatzwörter“.

Jeder, der viel schreibt und mit Texten zu tun hat, legt sich so ein Synonymwörterbuch auf den Schreibtisch: Schriftstellerinnen und Schriftsteller, Dichterinnen und Dichter, Journalistinnen und Journalisten, Lektorinnen und Lektoren, Lehrerinnen und Lehrer – und natürlich Schülerinnen und Schüler.

So schreibst du genauer und abwechslungsreicher

1. Sieh dir diesen Satz an:

> Ich pflege in meiner Freizeit ein **Pferd.**

Der Leser weiß jetzt noch nicht, was das für ein Pferd ist. Vielleicht interessiert es ihn. Du könntest so weiterschreiben:

> Ich pflege in meiner Freizeit ein **Pferd.** Es ist ein **Fuchs.** Reiten kann ich auf der **Stute** nicht mehr, denn sie ist schon ziemlich alt.

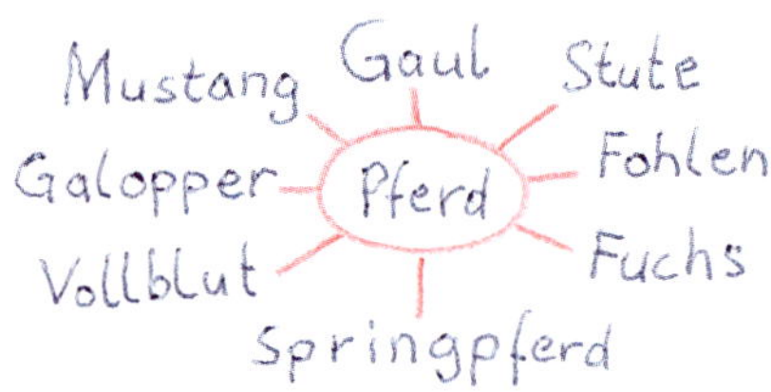

2. Schau dir folgende Sätze an:

> Auf der anderen Straßenseite **gingen** zwei Mädchen.
> Vor ihnen **ging** ein kleiner Junge.

Viel lebendiger klingt es so:

> Auf der anderen Straßenseite **schlenderten** zwei Mädchen.
> Vor ihnen **trottete** ein kleiner Junge.

Dabei kannst du mit der Wahl des Wortes entscheiden, ob du dich ganz normal, das heißt standardsprachlich **(schlendern)**, vielleicht ein bisschen dichterisch, das heißt gehoben **(promenieren)** oder ganz salopp, das heißt umgangssprachlich **(schlappen)** ausdrücken willst.

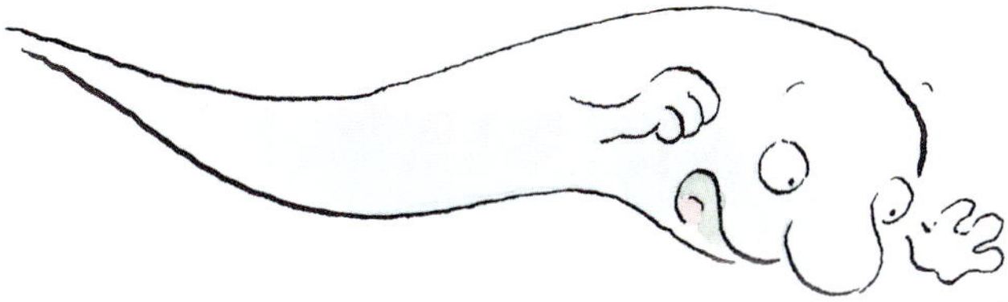

3. Lies den Satz:

Leon **hatte Angst.**

Kannst du dir vorstellen, wie groß Leons Angst war und wie Leon aussah? Man kann sich in seine Situation viel besser hineinversetzen, wenn der Satz so lautet:

Leon wurde **bleich** vor **Angst** und **bibberte.**

4. Sieh dir diesen Satz an:

Meine Freundin **hat** mich **angelogen.**

Das muss schon eine dicke Lüge gewesen sein. Aber war es wirklich so schlimm? Oder hat die Freundin vielleicht nur **geflunkert** oder ein bisschen **übertrieben**? Mit deiner Wortwahl kannst du also auch ausdrücken, wie du persönlich zu einer Sache stehst.

So findest du dich in deinem Wörterbuch zurecht

Dieses Wörterbuch hilft dir dabei, für jede Situation, für Menschen und Gegenstände, für Eigenschaften und Tätigkeiten das richtige Nomen, das richtige Verb, das richtige Adjektiv oder ein anderes passendes Wort zu finden. Dich für ein Wort entscheiden musst du aber selbst!

Dein Wörterbuch besteht aus über 500 Stichwörtern von A bis Z.

Die Stichwörter sind Wörter, die du kennst und häufig beim Schreiben verwendest. Jedes Stichwort ist in fetter Schrift hervorgehoben:

schreiben

Unter jedem Stichwort stehen Wörter mit gleicher oder ähnlicher Bedeutung: die Ersatzwörter oder Synonyme.

Die Ersatzwörter sind so geordnet, dass häufig gebrauchte Wörter am Anfang stehen, damit du sie sofort findest. Weniger bekannte, speziellere und schwierigere Ausdrücke findest du weiter hinten. Ganz am Ende stehen manchmal noch umgangssprachliche Wörter. Die kennst du vielleicht auch – aber sei vorsichtig mit der Verwendung!

die Angst

die Furcht, die Sorge, die Unruhe, der Schauder, das Grauen, das Entsetzen, die Panik, der Horror, der Bammel, der Schiss

Zu Ersatzwörtern, die etwas schwieriger oder nicht so bekannt sind, findest du Beispielsätze. Sie sind grau gedruckt.

In den Beispielsätzen ist das Ersatzwort fett gedruckt. Man kann sich einen Spaß daraus machen, die fett gedruckten Wörter

durch die anderen zu ersetzen. Das klappt aber nicht immer! Denn die Ersatzwörter ähneln sich zwar, aber ganz gleich sind sie fast nie. Es kommt immer auf den Zusammenhang und die Formulierung an!

fast

beinahe, nahezu, kaum, cirka, etwa, um ein Haar, ...

Um ein Haar hätte ich unsere Verabredung vergessen.

Wenn ein Stichwort mehrere Bedeutungen hat, dann sind die Ersatzwörter in Gruppen angeordnet.

angeben

- sich wichtigmachen, sich aufspielen, sich aufblasen, aufschneiden ...
- nennen, mitteilen, Auskunft geben, melden, anzeigen ...

Zusätzliche Informationen zu manchen Ausdrücken, vor allem zu Redewendungen, stehen in gelben Kästen.

Die Redewendungen werden in ihrer Bedeutung erklärt, und oft erfährst du auch, wo sie herkommen und wie sie entstanden sind.

Felis Opa **freute sich wie ein Schneekönig,** als er vier Richtige im Lotto hatte. Felis Opa hat sich also sehr gefreut. Diese Redensart geht zurück auf unseren kleinsten Singvogel, den Zaunkönig. Er bleibt im Winter bei uns und pfeift und singt fröhlich trotz Schnee und Kälte.

A

aber

- doch, trotzdem, jedoch, andererseits, dennoch, allerdings, dabei, im Gegenteil

  Ich habe versucht dich anzurufen, **doch** dein Handy war ausgeschaltet.
  Meine Freundin ist nicht immer nett zu mir. **Trotzdem** mag ich sie.
  Ich komme heute Nachmittag zu dir, **allerdings** erst um fünf.

aggressiv

- streitsüchtig, angriffslustig, feindselig, gewalttätig, herausfordernd, rücksichtslos, hitzig, wild, rabiat

  Es kam zu einer **hitzigen** Auseinandersetzung zwischen den Streithähnen.
  Ein **rabiater** Autofahrer drängte alle anderen Wagen zur Seite.

alle

- jeder/jede, sämtliche, allesamt, ohne Ausnahme, samt und sonders

  Sämtliche Jungen in meiner Klasse tragen zurzeit diese Schuhe.
  Beim Feueralarm mussten wir **samt und sonders** die Schule räumen.

- aufgebraucht, ausgegangen, zu Ende gegangen

  Der Zucker ist **alle** und das Klopapier ist auch **ausgegangen.**

- erschöpft, kraftlos, fix und fertig, hundemüde

  Nach dem Hausputz waren wir völlig **alle.**
  Nach einem langen Schultag bin ich **hundemüde.**

allein

- für sich, ohne Begleitung, solo

  Mama ist manchmal ganz gern **für sich.**

- einsam, verlassen, verloren, mutterseelenallein
  Im Ferienlager kam ich mir anfangs ganz **verloren** vor.
- ohne fremde Hilfe, selbstständig, von sich aus
  Mein kleiner Bruder kann sich schon **selbstständig** anziehen.
  Roberto ist **von sich aus** auf die Idee gekommen, sich zu entschuldigen.

als

- während; gleichzeitig; nachdem; zu der Zeit, als
  Während ich auf Klassenfahrt war, bekam mein Meerschweinchen Junge.
  Meine Mutter telefonierte, **gleichzeitig** kochte sie das Abendessen.
  Nachdem ich mein Zimmer aufgeräumt hatte, las ich in meinem Krimi weiter.
  Zu der Zeit, als mein Großvater ein Junge war, gab es noch kein Farbfernsehen.
- in Form, in Gestalt, in der Funktion
  Zum Fasching gehe ich **als** Clown, mein Freund **in Gestalt** eines Zauberers.

alt

- ergraut, betagt, uralt, steinalt
  Meine Urgroßeltern sind ein **betagtes** Ehepaar.
- gebraucht, benutzt, abgewetzt, ausgeleiert, verschlissen, verfallen
  Ich liebe meinen Mantel, obwohl er an manchen Stellen ganz **abgewetzt** ist.
- verdorben, schlecht geworden, ranzig, verschimmelt
  Der Fisch ist **verdorben,** er stinkt schon.
  Die Butter ist **ranzig.**
- vertraut, bekannt, erfahren, langjährig, gewohnt
  Alte Freundinnen sind sehr **vertraut** miteinander.
  Bevor wir umzogen, lief ich noch einmal alle **gewohnten** Wege entlang.
- früher, ehemalig, einstig
  Manche Menschen schwärmen von **früheren** Zeiten.
  Der **einstige** Slalom-Weltmeister betreibt heute eine Skischule.

a b c d e f g h i j k l m n o p q r s t u v w x y z

anders

- unterschiedlich, verschieden, grundverschieden, ungleich, gegensätzlich

  Zwillinge können **grundverschieden** aussehen.

- fremd, neu, unbekannt, ungewöhnlich, ungewohnt, eigentümlich, seltsam, komisch

  So kenne ich meine Katze gar nicht. Sie benimmt sich heute **eigentümlich.**

anfangen

- beginnen, starten, loslegen, anbrechen, den Anfang machen, anpacken, sich dranmachen, in Angriff nehmen, ins Leben rufen

  Die Nacht ist vorbei, der Tag **bricht an.**

  Nachdem Niko lange herumgetrödelt hatte, **nahm** er endlich seine Arbeit **in Angriff.**

  Nach der Naturkatastrophe **wurde** eine große Spendenaktion **ins Leben gerufen.**

angeben

- sich wichtigmachen, sich aufspielen, sich aufblasen, aufschneiden, prahlen, dick auftragen, große Reden schwingen, protzen, eine Show abziehen/machen

  Was der alte Angeber wieder für **eine Show macht!**

- nennen, mitteilen, Auskunft geben, melden, anzeigen, wissen lassen, preisgeben

  Bei der Anmeldung muss man seinen Namen **nennen.**

  Sein Passwort sollte man niemals **preisgeben.**

angreifen

- anfallen, überfallen, stürmen, herfallen, sich stürzen, attackieren, einen Kampf/eine Schlägerei/eine Rauferei/eine Prügelei beginnen

  Die Vogeleltern **stürzten sich** auf die Nesträuber.

  Der Torwart **hat** den Stürmer unfair **attackiert.**

- schaden, belasten, beschädigen, strapazieren, zerstören, zersetzen

  Der saure Regen **belastet** den Wald.

  Zucker **beschädigt** den Zahnschmelz.

  Zu wenig Schlaf **strapaziert** auf die Dauer die Gesundheit.

prahlen

die Angst

- die Furcht, die Sorge, die Unruhe, der Schauder, das Grauen, das Entsetzen, die Panik, der Horror, der Bammel, der Schiss

  Im Verlies der Burg ergriff uns alle ein **Schauder.**
  Mich packte das bloße **Grauen.**
  So viel **Schiss** hatte ich noch nie vor einer Mathearbeit.

Angst haben

- sich fürchten, sich ängstigen, sich Sorgen machen, bangen, schlottern, zittern, bibbern, bleich werden vor Angst, eine Gänsehaut bekommen, weiche Knie bekommen, ein mulmiges Gefühl haben, mit den Zähnen klappern

  Ich **fürchtete mich** so sehr, dass ich am ganzen Körper **schlotterte.**
  Tagelang **bangte** Lena um ihren kranken Hund.
  Als ich das Zimmer betrat, **hatte** ich gleich **ein mulmiges Gefühl.**

„Ich **habe** vor Angst **eine Gänsehaut bekommen“,** sagt Anne, als sie aus der Geisterbahn kommt. Und tatsächlich kann man beobachten, dass sich bei Angst die Haut so zusammenzieht, dass sie aussieht wie die Haut einer gerupften Gans. Genauso verändert sich die Haut auch, wenn man friert: Sie wirkt pickelig und die Haare stehen hoch.

ängstlich

- furchtsam, verängstigt, angstvoll, übervorsichtig, schüchtern, verschüchtert, besorgt, nervös, bange, angespannt, schreckhaft, scheu, zaghaft, panisch

  Mein Vater wurde sehr **nervös,** weil ich noch nicht zu Hause war.
  Rehe sind **scheue** Tiere.

A B C D E F G H I J K L M N O P Q R S T U V W X Y Z

angucken

- ansehen, anschauen, anblicken, betrachten, mustern, anstarren, unter die Lupe nehmen, besichtigen, anglotzen, angaffen

  Max **blickte** seine Cousine lächelnd **an.**
  Als ich neu in die Klasse kam, **musterten** mich alle von Kopf bis Fuß.
  Der Detektiv **nahm** den verdächtigen Zeitungsverkäufer etwas genauer **unter die Lupe.**

anstrengen

- sich anstrengen: sich bemühen, sich einsetzen, sich abkämpfen, sich Mühe geben, sein Bestes geben, sich ins Zeug legen, nichts unversucht lassen, alle Hebel in Bewegung setzen, sich abstrampeln

  Die Rettungskräfte **ließen nichts unversucht,** die Menschen aus ihrer Notlage zu befreien.
  Unser Klassensprecher **setzte alle Hebel in Bewegung,** um Geld für die Schülerzeitung zu bekommen.

- ermüden, erschöpfen, angreifen, belasten, stressen, schlauchen

  Das Training **hat** uns ganz schön **geschlaucht.**

antworten

- erwidern, beantworten, reagieren, entgegnen, einwenden, widersprechen, eine Antwort geben, Kontra geben

  Mein Bruder wusste vor Schreck nicht, was er **erwidern** sollte.
  Ich kann sagen, was ich will – meine Schwester **gibt** mir immer **Kontra.**

die Strapaze

anziehen

- sich anziehen: sich ankleiden, sich überziehen, sich umhängen, sich überwerfen, hineinschlüpfen, aufsetzen, sich in Schale werfen

  Als es klingelte, hatte ich gerade noch Zeit, **mir** einen Bademantel **überzuwerfen.**
- an sich ziehen, heranziehen

  Alissa **zieht** den Tisch näher **heran,** weil sie so klein ist.
- anlocken, bezaubern, fesseln, faszinieren, ködern, in seinen Bann ziehen

  Fische **ködert** man mit Regenwürmern.

  Der Popstar **zog** bei seinem Konzert alle Fans **in seinen Bann.**
- festziehen, festschrauben, straffer spannen

  Meine Fahrradkette ist locker, sie muss **straffer gespannt werden.**

die Arbeit

- der Job, der Beruf, der Arbeitsplatz, die Stelle, die Arbeitsstelle

  Viele Menschen sind heute ohne **Arbeitsstelle.**
- die Beschäftigung, die Tätigkeit, die Mühe, die Strapaze, die Plackerei, die Schinderei

  Es war eine **Plackerei,** bis wir den Keller aufgeräumt hatten.
- die Klassenarbeit, der Test, die Schulaufgabe, die Klausur

  Mein Cousin studiert. Er schreibt keine **Klassenarbeiten** mehr, sondern **Klausuren.**

arbeiten

- arbeiten gehen, jobben, einen Beruf ausüben, einer Beschäftigung nachgehen, ein Amt ausüben

  Meine Eltern **üben** beide **einen Beruf aus.**
- tun, schaffen, tätig sein, sich beschäftigen, sich einsetzen, sich vertiefen, sich hineinknien, schuften, ackern

  Jo zog sich zurück und **vertiefte sich** in seine Matheaufgaben.

  Elena hatte für nichts mehr Zeit. So sehr **kniete** sie **sich** in die neue Aufgabe **hinein.**

  Ich **ackerte** wochenlang, um endlich auf eine Drei zu kommen.
- an sein, eingeschaltet sein, in Betrieb sein

  Die Heizung **ist** wieder **in Betrieb.**

ärgern

- belästigen, nerven, aufregen, reizen, provozieren, hänseln, aufziehen, beleidigen, kränken, beschimpfen, schikanieren, anpöbeln, vor den Kopf stoßen, auf die Palme bringen, zur Weißglut bringen

  Manchmal macht es mir richtig Spaß, meinen Bruder zu **reizen.**

  Meine Schwester **zieht** mich immer wieder wegen meiner neuen Frisur **auf.**
- sich ärgern: sich aufregen, sich erregen, empört sein, entrüstet sein, schmollen, grollen, sich schwarzärgern, böse werden, zu viel kriegen, sauer sein, in die Luft gehen

  Ich **war empört** über die Ungerechtigkeit des Schiedsrichters.

  Nach der Strafpredigt ging mein Bruder in sein Zimmer und **schmollte.**

  Selina **grollte,** weil sie nicht fernsehen durfte.

„**Bring** mich nicht **zur Weißglut!**", sagt Areks Mutter drohend.
Das bedeutet: Treibe es nicht zu weit! Hör endlich auf mich zu ärgern! Wenn man ein Metall so stark erhitzt, dass es fast flüssig wird, fängt es an, weiß zu glühen. So innerlich erhitzt und in äußerste Wut versetzt fühlt sich auch ein Mensch, den man furchtbar reizt.

arm

- mittellos, knapp bei Kasse, bedürftig, in Not, bankrott, pleite, abgebrannt, blank

  Bedürftige Menschen sind auf die finanzielle Unterstützung anderer angewiesen.

  Ich habe mein ganzes Taschengeld ausgegeben. Jetzt bin ich **pleite.**
- kümmerlich, unglücklich, bedauernswert, beklagenswert, bemitleidenswert

  Ach, du **armes** Würstchen!

  Der **bedauernswerte** Mann hat nur ein Bein.

atmen

- einatmen, Atem holen, Luft holen, ausatmen, durchatmen, schnaufen, hecheln, pusten, keuchen, japsen, röcheln, nach Luft schnappen

  Als unser Hund einen Hasen entdeckte, **hechelte** er vor Aufregung.

aufgeben

auch

- ebenfalls, genauso, ebenso, gleichfalls
  Du machst das **genauso** gut wie Dilian.
- außerdem, dazu, zusätzlich, sogar noch, zudem, extra
  Tim muss neben seinen Hausaufgaben **zusätzlich** noch Flöte üben.

aufgeben

- aufhören, beenden, abbrechen, sich abgewöhnen, sich ergeben, sich geschlagen geben, schließen, dichtmachen, das Handtuch werfen, an den Nagel hängen, hinschmeißen, schlappmachen
  Du hast gewonnen, ich **gebe mich geschlagen.**
  Leider muss der Buchhändler an der Ecke sein Geschäft **dichtmachen.**
- zur Post bringen, zur Bahn bringen, fortbringen, wegbringen, abgeben
  Ich muss noch ein Päckchen bei der Post **aufgeben.**
  Wir schicken unsere Räder voraus, deshalb müssen wir sie rechtzeitig **zur Bahn bringen.**
- eine Hausaufgabe aufgeben, aufbrummen
  Unsere Lehrerin **hat** uns eine Zusatzaufgabe **aufgebrummt.**

Nach zwanzig Kilometern **warf** der Marathonläufer schließlich **das Handtuch.** Das heißt, dass er aufgab. Der Ausdruck „das Handtuch werfen“ kommt aus dem Boxsport. Ist dort ein Boxer im Ring zu erschöpft oder verletzt um weiterzukämpfen, dann wirft sein Trainer ein Handtuch in den Ring. So weiß der Ringrichter, dass der Boxer den Kampf aufgibt.

A B C D E F G H I J K L M N O P Q R S T U V W X Y Z

aufgeregt

- gespannt, neugierig, nervös, unruhig, erregt, kribbelig, durcheinander, fahrig, verwirrt, hektisch, kopflos, entrüstet, empört, außer sich
  Gespannt verfolgten die Kindergartenkinder unser Theaterstück.
  Fahrig fuchtelte meine Tante in der Luft herum, um das Taxi anzuhalten.
- aufgeregt sein: Lampenfieber haben, Herzklopfen haben
  Wenn ich ein Gedicht vortrage, **habe** ich vorher immer ein bisschen **Herzklopfen.**

aufhören

- beenden, aufgeben, sich abgewöhnen, abbrechen, Schluss machen
  Mein Onkel **hat sich** das Rauchen **abgewöhnt.**
- zu Ende gehen, nicht weitergehen, enden, sich legen
  Der Sturm **legte sich** allmählich.

aufmachen

- öffnen, aufschließen, aufsperren, hereinlassen, herauslassen, aufstoßen, aufreißen, aufbinden, aufbrechen, aufklappen, aufschlagen, aufschrauben, aufdrehen, aufdrücken, aufdröseln, knacken
  Eine Tür **sperrt** man **auf.** Ein Buch **schlägt** man **auf.** Eine missratene Häkelarbeit **dröselt** man **auf.** Einen Tresor **knackt** man.
- eröffnen, gründen, starten, anfangen, beginnen
  Um die Ecke **eröffnet** demnächst eine Eisdiele.
- sich aufmachen: fortgehen, verlassen, weggehen, sich auf den Weg machen, losmarschieren, abschwirren, abdampfen, sich abseilen
  Nach langer Vorbereitung **machten sich** die Forscher **auf den Weg** ins Eis.
  Hitzefrei! Alle Kinder **schwirrten ab** ins Schwimmbad.

aufmerksam

- wach, konzentriert, geistesgegenwärtig, bei der Sache, ganz Ohr
  Lukas war **ganz Ohr.** Er hörte sehr **konzentriert** zu.
- höflich, hilfsbereit, zuvorkommend, nett
  So ein **zuvorkommender** junger Mann! Er half der Frau mit dem Kinderwagen in den Bus.

aufpassen

- aufmerksam sein, achtsam sein, achtgeben, bei der Sache sein, sich in acht nehmen, sich hüten, auf der Hut sein, auf Nummer sicher gehen

  Gib Acht, wenn du über die Straße gehst!

  Bei der Klassenarbeit **war** ich nicht richtig **bei der Sache.**

  Hüte dich vor dem Nachbarshund!

- beobachten, beaufsichtigen, achten auf, sich kümmern, nicht aus den Augen lassen, die Augen offen halten, hüten, bewachen, Schmiere stehen

  Meine kleine Schwester kann man **nicht** eine Minute **aus den Augen lassen.**

  Der Schäfer **hütet** seine Schafe.

Während die Gauner das Auto knackten, **stand** der Rest der Bande **Schmiere.** Der Ausdruck „Schmiere" kommt aus der Gaunersprache und bedeutet „Wachposten". Er wird benutzt, wenn bei etwas Unerlaubtem ein Komplize als Wache aufpasst und die Täter warnt, wenn jemand kommt.

sich aufregen

- sich ärgern, sich empören, wütend werden, aufbrausen, die Beherrschung/Fassung verlieren, aus der Rolle fallen, aus der Haut fahren, in die Luft gehen, platzen, explodieren, ausflippen, ausrasten

  Die Autofahrerin **explodierte** fast vor Wut, als ihr jemand den Parkplatz wegschnappte.

ganz Ohr

aufziehen

- aufmachen, hochziehen, öffnen

  Ich **öffne** die Schublade.
- eine Feder spannen, am Rädchen drehen

  Das Spielzeugauto fährt nur, wenn **die Feder gespannt ist.**
- hänseln, verspotten, necken, sich lustig machen, durch den Kakao ziehen

  Geschwister **ziehen** sich gern gegenseitig **durch den Kakao.**
- großziehen, erziehen, heranziehen, aufpäppeln

  Das verlassene Kätzchen müssen wir mit der Flasche **aufpäppeln.**

der Ausflug

- die Tour, die Fahrt, die Spazierfahrt, die Wanderung, die Spritztour, der Trip

  Nach einer kurzen **Spritztour** stellte der Dieb das Fahrrad irgendwo ab.

aussehen

- wirken, erscheinen, scheinen, ähneln, den Eindruck machen, den Anschein haben

  Nach der langen Krankheit **wirkte** Sofie noch sehr müde.
  Nikita **ähnelt** seiner Mutter.
  Es **hat den Anschein,** als würde das Wetter besser.

das Auto

- der Wagen, das Fahrzeug, der Pkw, der Lkw, der Neuwagen, der Gebrauchtwagen, der Mietwagen, der Kleinwagen, der Van, der Lieferwagen, die Limousine, der Dienstwagen, der Sportwagen, das Cabrio, das Wohnmobil, das Feuerwehrauto, das Müllauto, das Polizeiauto, der Krankenwagen, der Rettungswagen, der Möbelwagen, der Leichenwagen, der Tankwagen, die Klapperkiste, der Straßenkreuzer, die Blechkiste, die Karre, der Schlitten, die Schrottmühle, die Nuckelpinne, die Kiste, der fahrbare Untersatz

  Der Bundespräsident wurde in seinem **Dienstwagen** bis vor seinen Amtssitz gefahren.

B

bald

- gleich, demnächst, sogleich, nach/innerhalb kurzer Zeit, nächstens, in absehbarer Zeit

    Demnächst gibt es Zeugnisse.
    Die Straßensperre wird **in abseharer Zeit** aufgehoben sein.

der Ball

- der Fußball, der Handball, der Tennisball, der Medizinball, der Volleyball, der Tischtennisball, der Softball, der Gummiball, der Lederball, der Plastikball, das Leder, die Kugel, die Pille, das Ei

    Der Torwart konnte das **Leder** nicht mehr festhalten.

- das Tanzfest, die festliche Tanzveranstaltung, der Abschlussball

    Meine Schwester trug zu ihrem **Abschlussball** ein Kleid mit Schlitz.

der Bart

- der Vollbart, der Dreitagebart, der Stoppelbart, der Schnurrbart, der Schnauzer, der Rauschebart, das Bärtchen, der Ziegenbart

    Mit seinem **Rauschebart** erinnert mich mein Großvater manchmal an den Weihnachtsmann.

bauen

- errichten, herstellen, anfertigen, anlegen, aufbauen, erbauen, entstehen lassen

    Die Zimmerleute **errichten** den Dachstuhl. Dann wird das Richtfest gefeiert.

- sich verlassen, rechnen mit, zählen auf, vertrauen

    Auf meine Eltern kann ich immer **bauen.**
    Ich habe Zeit, euch zu helfen. Ihr könnt **mit** mir **rechnen.**
    Wir **zählen darauf,** dass alle Eltern etwas zum Schulfrühstück beitragen.

sich beeilen

sich beeilen

- sich abhetzen, hasten, keine Zeit verlieren, nicht zögern, brettern, sich ranhalten, einen Zahn zulegen

Mein Vater war spät dran und **hastete** zum Bahnhof.
Die Zeit wird knapp. Du musst **dich ranhalten.**

„Da müssen wir **einen Zahn zulegen"**, sagte Bastian und trat aufs Gaspedal. Das heißt, Bastian glaubte schneller fahren zu müssen. Diese Redensart hat nichts mit den Zähnen im Mund tun. Sie bezieht sich wahrscheinlich auf den Handgashebel in den ersten Autos. Dieser Hebel wurde in einen gezahnten Schlitz oder auf einem Zahnkranz bewegt. Wer schneller fahren wollte, musste ihn „einen Zahn" weiter vorschieben.

bekommen

- erhalten, kriegen, erreichen, erlangen, empfangen, ergattern, sich einfangen, sich einhandeln, abkriegen, abbekommen

Bei der Wahl **hat** diese Partei die absolute Mehrheit **erlangt.**
Mein Hals kratzt. Ich **habe mir** eine Erkältung **eingefangen.**

beleidigt

- gekränkt, verletzt, verstimmt, verärgert, getroffen, eingeschnappt, verschnupft, sauer, grantig, muffelig, böse

Weil ich mich bei meiner Tante nicht für die Socken bedankt habe, ist sie **verschnupft.**

mit links

bellen

- kläffen, anschlagen, anbellen, jaulen, winseln, knurren, heulen, Laut geben

  Immer, wenn jemand den Hof betritt, **schlägt** der Wachhund **an.**

beobachten

- belauern, ausspähen, beschatten, bespitzeln, observieren, hinterherspionieren, im Auge behalten, nicht aus den Augen lassen

  Die Polizei **beschattete** den Verbrecher wochenlang. Sie **observierte** ihn Tag und Nacht.
- sehen, bemerken, wahrnehmen, entdecken, erblicken, erkennen

  Am Gesichtsausdruck kann man **wahrnehmen,** wie ein Mensch sich fühlt.

bequem

- komfortabel, angenehm, heimelig, gemütlich

  Es ist sehr **komfortabel,** im Schlafwagen zu reisen.
- einfach, leicht, mühelos, unkompliziert, mit links

  Mit dem Fahrstuhl erreicht man den 15. Stock **mühelos.**
- träge, faul, langsam, lahm, behäbig

  Unser alter Hund ist sehr **behäbig** geworden.

der Berg

- der Hügel, die Erhöhung, der Buckel, die Anhöhe, der Gipfel, das Gebirge, der Fels

  Die Skipiste hat viele **Buckel.**
- die Masse, die Menge, der Stapel, der Haufen

  Vor der Waschmaschine sammelt sich immer ein **Haufen** Wäsche.

berühmt

- bekannt, prominent, bedeutend, gefeiert, groß, anerkannt, angesehen, in aller Munde, weltbekannt, bekannt wie ein bunter Hund

Boris ist in unserem Viertel **bekannt wie ein bunter Hund.** Eigentlich gibt es keine bunten Hunde. Gäbe es einen, dann würde er auffallen. Deshalb wird der Vergleich mit einem bunten Hund bei einem Menschen angewendet, den jeder kennt, weil er etwas Besonderes an sich hat.

beschreiben

- darstellen, erklären, erläutern, erzählen, schildern, ausmalen, wiedergeben

  Der Zeuge **schilderte** den genauen Hergang des Unfalls.
  Während der Nachtwanderung **malte** Freddy uns in den schillerndsten Farben **aus,** was alles passieren könnte.

besonders

- hauptsächlich, vor allem, in erster Linie, insbesondere, speziell, vorwiegend, vor allen Dingen

  In der Schule gefällt mir **vor allem** der Sportunterricht.
  In das Konzert gehen **vorwiegend** junge Leute.
- bemerkenswert, eigenartig, ungewöhnlich, originell, aus dem Rahmen fallend

  Luzies Geschichte war so **originell,** dass sie in der Zeitung veröffentlicht wurde.

bewegen

- befördern, transportieren, fortbewegen, ziehen, schieben, verschieben, verrücken

  Selbst zu viert konnten wir den Schrank nicht **verrücken.**
- sich bewegen: sich fortbewegen, sich rühren, die Lage verändern, sich an einen anderen Ort begeben, Sport treiben

  Nach der Operation musste ich still liegen und durfte meine **Lage** nicht **verändern.**

das Bild

- die Darstellung, das Gemälde, die Zeichnung, die Grafik, das Foto, die Aufnahme, das Lichtbild, das Passfoto, der Schinken

  Auf der alten **Aufnahme** habe ich meinen Vater kaum erkannt.

Über dem Bett meiner Urgroßeltern hing ein grässlicher **Schinken.** Das heißt nicht, dass die Großeltern dort ein Stück Fleisch aufgehängt hatten. „Schinken“ nennt man auch ein großes, altmodisches und kitschiges Bild.

ausmalen

billig

- preiswert, günstig, bezahlbar, erschwinglich, ermäßigt, reduziert, fast geschenkt, nachgeworfen, spottbillig, für einen Apfel und ein Ei

  Erst als Sonderangebot war die Kappe für mich **erschwinglich.**

  Im Frühjahr bekommt man die Wintersachen fast **nachgeworfen.**
- schwach, nichtssagend, einfach, wertlos, banal, simpel

  Das ist doch eine **billige** Ausrede. Sag mir endlich die Wahrheit!

  Das Eis ist ein **schwacher** Trost dafür, dass ich nicht mitfahren kann.

ein bisschen

- ein wenig, etwas, nicht viel, eine Kleinigkeit, ein Hauch, eine Spur

  In der Suppe fehlt noch **eine Spur** Salz.

bitten

- auffordern, fragen, wünschen, anfragen, nahelegen, bedrängen, beschwören, flehen, anflehen, betteln, winseln, in den Ohren liegen

  Der Hausmeister **fordert** die Schüler **auf** die Papierkörbe zu leeren.

blau

- hellblau, dunkelblau, bläulich, himmelblau, königsblau, enzianblau, kornblumenblau, veilchenblau

  Meine Schwester trug beim Schulfest ein **kornblumenblaues** Tuch.
- betrunken, sturzbetrunken, voll

  Der Sieger war **blau** wie ein Veilchen, und auch der Verlierer taumelte **sturzbetrunken** über die Straße.

blöd

- dumm, albern, ungeschickt, unsinnig, lächerlich, beschränkt, begriffsstutzig, doof, bescheuert, behämmert

  Gestern habe ich in Mathe gar nichts mehr verstanden. Da war ich richtig **begriffsstutzig.**
- ärgerlich, unangenehm, unerfreulich

  Zu **ärgerlich,** dass ich das vergessen habe!

der Boden

- die Erde, das Erdreich, der Erdboden, der Lehmboden, der Sandboden

  Der Maulwurf gräbt lange Gänge ins **Erdreich.**

  Spargel wächst in **Sandboden.**
- der Fußboden, der Parkettboden, der Dielenboden, der Steinboden, der Teppichboden

  Das Holz des alten **Dielenbodens** war schon sehr abgenutzt.
- das Land, das Grundstück, der Grund, das Gebiet

  „Auf meinem **Grund** und **Boden** kann ich machen, was ich will!", brüllte unser Nachbar.

das Boot

- das Schiff, das Ruderboot, das Motorboot, das Schlauchboot, das Tretboot, das Fischerboot, das Rettungsboot, der Kahn, das Kanu, der Kajak, das U-Boot, der Kutter, die Jacht, die Gondel, die Jolle, die Barke, die Nussschale

  Es ist ein Wunder, dass die Schiffbrüchigen in dieser kleinen **Nussschale** so lange überlebt haben.

böse

- boshaft, bösartig, schlecht, falsch, schlimm, übel, gemein, fies, lieblos, niederträchtig, hinterlistig, gehässig, heimtückisch, verletzend

  Aisha hatte eine **üble** Grippe mit hohem Fieber.

  Tiere zu quälen ist **gemein** und **fies.**
- beleidigt, verärgert, eingeschnappt, missmutig, sauer, vergrämt, verschnupft, brummig, gereizt, grantig, aufgebracht, wutentbrannt, fuchsteufelswild

  Warum machst du denn heute so ein **vergrämtes** Gesicht?

  Meine Mutter war sehr **aufgebracht** über mein Verhalten.

braun

- hellbraun, dunkelbraun, bräunlich, schokoladenbraun, kaffeebraun
  Ich habe **bräunliche** Augen.
- sonnengebräunt, braun gebrannt
  Meine Eltern kamen **braun gebrannt** aus dem Urlaub zurück.

brav

- artig, wohlerzogen, gehorsam, folgsam, nett, lieb, gefällig, lammfromm, zahm
  Artige Kinder verhalten sich so, wie es die Erwachsenen von ihnen erwarten.
  Nach einem kräftigen Zug an der Leine lief Fiffi **lammfromm** neben seinem Frauchen her.
- fantasielos, langweilig, bieder, spießig, hausbacken
  In diesem Kleid siehst du einfach zu **hausbacken** aus, kauf lieber ein modischeres!

brechen

- krachen, bersten, zerbrechen, splittern, zerspringen, zerbröckeln, in Stücke brechen/zerspringen, reißen, knicken
  Wenn bei einem Wohnungsbrand die Hitze zu groß wird, **bersten** die Fensterscheiben.
  Der Spiegel **zersprang** in tausend **Stücke.**
- sich übergeben, erbrechen, speien, spucken, kübeln, reihern, kotzen
  Weil ich so viel durcheinandergegessen hatte, musste ich **mich übergeben.**

brechen

a **b** c d e f g h i j k l m n o p q r s t u v w x y z

brennen

- sich entzünden, in Brand geraten, Feuer fangen, in Flammen stehen, lodern, verbrennen, verkohlen, glühen, glimmen

  Die Flammen **loderten** meterhoch.

- leuchten, flackern, scheinen

  Laternen **leuchten** im Dunkeln.

- jucken, schmerzen, beißen, ziepen, stechen

  Wenn eine Wunde desinfiziert wird, dann **beißt** das ganz schön.

- kopieren, überspielen, übertragen

  Kopierst du mir die CD?

bringen

- geben, übergeben, liefern, abliefern, zustellen, einliefern, befördern, schicken, senden, hinbringen, hinschicken, hintragen, heranbringen, herbeibringen

  Andrej **hat** mir das Geburtstagsgeschenk persönlich **übergeben.**

- begleiten, führen, gehen mit, heimbegleiten, hinführen, nach Hause bringen

  Ich **gehe mit** meiner Freundin zum Bus.

brummen

- dröhnen, summen, murren, knurren, brummeln

  Der Lautsprecher **dröhnt** so, dass der Boden wackelt.

  Unser Kühlschrank **summt** leise vor sich hin.

brutal

- grausam, gefühllos, rücksichtslos, herzlos, mitleidlos, unmenschlich, unbarmherzig, gnadenlos, gewaltsam, barbarisch, kaltblütig

  Die Bankräuber verschafften sich **gewaltsam** Zutritt zum Tresorraum.

das Buch

- der Band, die Lektüre, der Roman, die Erzählung, der Gedichtband, das Bilderbuch, das Märchenbuch, der Krimi, der Abenteuerroman, der Liebesroman, das Sachbuch, das Wörterbuch, das Lexikon, das Schulbuch, das Kochbuch, das Telefonbuch, der Sammelband, das Taschenbuch, der Bestseller, der Schmöker, der Wälzer, die Schwarte

  Dieses **Lexikon** hat vierundzwanzig **Bände.**

bunt

- farbig, farbenfroh, farbenfreudig, farbenprächtig, kunterbunt, knallbunt, grell, poppig, scheckig, knallig

    In diesem Sommer sind **grelle, knallige** Farben in Mode.
    Weißt du, wie **scheckige** Pferde aussehen?

- abwechslungsreich, vielfältig, gemischt, verschiedenartig

    Das Kinoprogramm war sehr **abwechslungsreich.**

das Chaos

- das Durcheinander, die Unordnung, das Gewirr, der Tumult, der Wirrwarr, das Tohuwabohu, das Kuddelmuddel, der Kladderadatsch

„So ein **Tohuwabohu!** Räum endlich dein Zimmer auf!"
Tohuwabohu kommt aus der hebräischen Sprache: „tohû wa vohû" heißt „Wüste" und „Öde". Martin Luther hat diese Wörter in seiner Bibel als „völliges Durcheinander" übersetzt. In diesem Sinne ist „Tohuwabohu" heute noch gebräuchlich – auch für dein Zimmer.

cool

- gelassen, lässig, ruhig, entspannt, seelenruhig, beherrscht, gefasst, überlegen

    Bleib **cool!**
    Seelenruhig schaute Bob zu, wie die Katze mit der Maus spielte.
    Nach außen wirkte meine Mutter **beherrscht,** aber innerlich kochte sie vor Wut.

- hervorragend, großartig, einmalig, unglaublich, außerordentlich, fantastisch, bestens, glänzend, super, genial, stark, spitze, krass, geil, heiß, eins a

    Coole Party!
    Starke Musik!

da

- hier, an diesem Ort, daheim, erreichbar, vorhanden, an diesem Platz
  Ist **hier** jemand?
  Mein Trainer ist erst heute Nachmittag **erreichbar.**
- da drüben, dort, an dieser Stelle
  Guck mal, **dort** kommt der Zug schon.
- dann, in diesem Augenblick, zu diesem Zeitpunkt
  Mein Vater hatte gerade mit seiner Rede angefangen. **In diesem Augenblick** fing mein Bruder an zu lachen.
- weil, deshalb, deswegen, darum
  Weil Ben verheulte Augen hatte, traute er sich nicht aus seinem Zimmer.
  Ich hatte Schnupfen. **Deshalb** konnte ich nicht kommen.

dann

- danach, anschließend, darauf, daraufhin, nun, nachher, hinterher, schließlich, später, im Anschluss daran, als Nächstes, nach einiger Zeit, einige Minuten/Stunden später
  Schließlich packte Hans seine Sachen und ging.

darum

- deshalb, deswegen, daher, dadurch, also, folglich, aus diesem Grund
  Es regnete, **deswegen** mussten wir zu Hause bleiben.

dauernd

- immer, oft, ständig, andauernd, stets, regelmäßig, immer wieder, immerzu, unaufhörlich, ununterbrochen, permanent, ohne Pause, pausenlos, endlos, laufend, ohne Unterbrechung, ohne Ende, am laufenden Band, rund um die Uhr, Tag und Nacht, jahraus, jahrein
  Meine Oma surft **permanent** im Internet.
  Der Trainer ist sauer, weil Jakob **am laufenden Band** zu spät kommt.

a b c d e f g h i j k l m n o p q r s t u v w x y z

denken

- überlegen, nachdenken, bedenken, sich Gedanken machen, den Verstand gebrauchen, durch den Kopf gehen, sich durch den Kopf gehen lassen, sich fragen, grübeln, sich den Kopf zerbrechen, berechnen, ausklügeln, aushecken, kauen an, knobeln, tüfteln, herumrätseln, brüten, drehen und wenden, von allen Seiten betrachten

  Ich habe gerade nicht aufgepasst, mir **ging** etwas anderes **durch den Kopf.**

  Für die Schatzsuche **klügelte** Mehmet einen raffinierten Plan **aus.**
- meinen, vermuten, glauben, sich zusammenreimen, ahnen, der Meinung sein

  Ich **vermute,** dass wir bis Freitag mit der Arbeit fertig werden.

  Das hätte ich nie von dir **geglaubt!**

  Ich weiß nicht genau, was passiert ist. Ich kann **mir** die Geschichte nur **zusammenreimen.**
- sich erinnern, sich besinnen, sich ins Gedächtnis rufen, zurückdenken

  Meine Mutter **denkt** oft an ihre Schulzeit **zurück.**

dick

- übergewichtig, rund, mollig, dicklich, pummelig, fett, plump, stämmig, gut gepolstert, dickbäuchig, schwabbelig, aufgebläht, geschwollen

  Nachdem unsere Katze Junge bekommen hatte, war ihr Bauch noch lange **schwabbelig.**

  Der Bauch der toten Kuh war **aufgebläht** wie ein Ballon.

  Nach dem Zahnarztbesuch hatte ich eine **geschwollene** Wange.
- fest, stabil, stark

  Ritterburgen haben **feste** Mauern.
- undurchsichtig, undurchdringlich, unzugänglich, dicht

  In dem **dichten** Nebel kamen wir nur langsam voran.
- unzertrennlich, eng, vertraut

  Mike und ich sind **dicke** Freunde. Wir sind wirklich **unzertrennlich.**

der Dieb, die Diebin

- der Einbrecher, die Taschendiebin, der Langfinger, die Räuberin, der Straßenräuber

  Auf dem Straßenfest haben die **Langfinger** viele Geldbeutel gestohlen und reiche Beute gemacht.

a b c d e f g h i j k l m n o p q r s t u v w x y z

doof

doof

- langweilig, uninteressant, geistlos, einfallslos

  Was für eine **langweilige** Party!

- dusselig, begriffsstutzig, blöd, dümmlich, einfältig

  Bei dem Test heute Morgen habe ich mich **dusselig** angestellt.

dort

- da, da oben, da drüben, da hinten, da unten, da vorne

  Da oben im Regal steht das Wörterbuch.

dreckig

- schmutzig, verschmutzt, unsauber, ungewaschen, schmierig, schmuddelig, verdreckt, verunreinigt

  Verunreinigtes Wasser darf man nicht trinken.

drücken

- herunterdrücken, Druck ausüben, pressen, quetschen, schieben, hineinzwängen, bugsieren

  Es ist nicht leicht, einen Ball im Wasser **herunterzudrücken.**

  Wir konnten uns gerade noch in den überfüllten Bus **hineinzwängen.**

- in die Arme nehmen/schließen, umarmen, knuddeln, schmusen

  „Lass dich mal **knuddeln!**" ist der Lieblingssatz meiner Oma.

- sich drücken: ausweichen, kneifen, vermeiden, aus dem Weg gehen, einen großen Bogen machen

  Hat Mira den Termin beim Zahnarzt vergessen oder hat sie **gekniffen?**

Caroline **macht** jeden Nachmittag **einen großen Bogen** um ihre Hausaufgaben. Das heißt nicht, dass Caroline täglich in großen Bögen um ihren Schreibtisch herumläuft. Sie will nur ihre Hausaufgaben nicht machen. Entweder weil sie keine Lust dazu hat und nachmittags lieber spielen will oder weil sie fürchtet, sie nicht zu verstehen. Irgendwann muss sie dann aber auch einen großen Bogen um ihre Mutter machen, weil die wütend wird.

dunkel

- ohne Licht, finster, schummrig, dämmrig, düster, trüb, trist, stockfinster, zappenduster, schwarz wie die Nacht

  Heute ist ein **trister** Tag, es regnet und wird gar nicht richtig hell.

  Als unsere Fackeln ausgingen, wurde es **zappenduster** in der Höhle.

- unklar, unbestimmt, undeutlich, unscharf, verschwommen, geheimnisvoll, verdächtig

  Wir hatten nur eine **unbestimmte** Ahnung davon, was uns beim Test erwartete.

  Der Bandenführer war in **verdächtige** Geschäfte verwickelt.

dünn

- schlank, mager, zerbrechlich, dürr, gertenschlank, hager, knochig, schmächtig, schmal, schlaksig, spindeldürr, wie eine Bohnenstange, wie ein Strich in der Landschaft, nur noch Haut und Knochen

  Unser Kater war wochenlang verschwunden. Als er wiederkam, war er nur noch **Haut und Knochen.**

- fein, leicht, zart, durchsichtig, durchscheinend, luftig

  Mamas neues Sommerkleid ist aus einem **luftigen** Stoff.

E

echt

- natürlich, nicht nachgemacht, nicht gefälscht, nicht künstlich, rein, unverfälscht, wahr, original

  Die Kassiererin prüft, ob die Geldscheine **nicht gefälscht** sind.

  Reines Gold ist besonders teuer.

- wirklich, tatsächlich, richtig, typisch, waschecht

  Meine Trainerin ist **wirklich** gut!

  Karl ist ein **waschechter** Berliner, er hat immer in Berlin gelebt.

A B C D E F G H I J K L M N O P Q R S T U V W X Y Z

einfallen

edel

- vornehm, ausgesucht, wertvoll, kostbar, erstklassig, teuer, nobel, fein, gepflegt, hervorragend, von bester Qualität, allererste Sahne

  Nur reiche Leute können in **erstklassigen** Restaurants essen gehen.
  In diesem **gepflegten** Schlosspark ist das Fußballspielen sicher verboten.

- gut, großzügig, ehrenhaft, anständig, ritterlich

  Ein **edler** Mensch hat eine **ehrenhafte** Gesinnung.

egal

- gleichgültig, unwichtig, einerlei, wie auch immer, schnuppe, schnurzegal, piepegal, gehüpft wie gesprungen, Jacke wie Hose, wurscht

  Es ist doch völlig **einerlei,** ob ich heute oder morgen aufräume!
  Es ist mir **schnurzegal**, wer den Dreck gemacht hat! Ihr macht alle zusammen sauber.

eilig

- schnell, rasch, flink, hastig, schleunigst, gehetzt, rastlos, überstürzt, schnurstracks, fix, in Eile, auf der Stelle, Hals über Kopf, in Windeseile, zwischen Tür und Angel, in null Komma nichts, wie der Blitz

  Als mein Onkel von dem Einbruch erfuhr, reiste er **Hals über Kopf** nach Hause.

- dringend, unaufschiebbar, brennend, brandeilig

  Mach schnell! Die Sache ist **brandeilig.**

einfach

- leicht, unkompliziert, simpel, mühelos, bequem, ohne Schwierigkeit, problemlos, locker, narrensicher, kinderleicht

  Die Matheaufgaben waren so **simpel,** dass wir sie **locker** lösen konnten.

  Diese Gebrauchsanweisung ist **narrensicher.**

- anspruchslos, bescheiden, natürlich, genügsam, schlicht, unscheinbar, ärmlich, armselig, karg, kümmerlich

  Der Einsiedler lebte zufrieden und **genügsam,** ohne große Ansprüche.

  Die Flüchtlinge wohnten anfangs in einer **kümmerlichen** Behausung.

- einmal, nicht mehrfach, nicht doppelt

  Eine Schleife löst sich schnell wieder, wenn sie **nicht doppelt** gebunden ist.

einfallen

- sich erinnern, in den Sinn kommen, durch den Kopf schießen, eine Idee haben

  Kurz vor dem Einschlafen **schoss** Tina **durch den Kopf,** dass sie ihre Flötenstunde vergessen hatte.

- einstürzen, zusammenbrechen, zusammenfallen, einkrachen

  Die Bretterbude **krachte** mit großem Getöse **ein.**

- einmarschieren, überfallen, eindringen

  Bei Nacht und Nebel **drangen** die Feinde in die Burg **ein.**

eingebildet

- arrogant, überheblich, hochmütig, großspurig, von sich überzeugt, eitel, aufgeblasen, hochnäsig, herablassend, von oben herab, angeberisch, großkotzig

  Phil führte **großspurige** Reden und prahlte mit dem neuen Auto seines Vaters.

einige

- mehrere, ein paar, manche, verschiedene

  Mehrere Kinder in meiner Klasse haben zu Weihnachten ein Handy bekommen.

einsam

einsam

- allein, für sich, verlassen, ausgeschlossen, zurückgezogen, ohne Kontakt, mutterseelenallein

  Manchmal fühle ich mich **mutterseelenallein.**

  Der Künstler lebt seit Jahren sehr **zurückgezogen.**
- abgelegen, abgeschieden, unbewohnt, menschenleer, weit weg, gottverlassen, weitab vom Schuss, in der Einöde, in der Pampa

  Meine Eltern lieben **menschenleere** Strände. Ich mag es lieber, wenn was los ist.

  Das Haus steht **in der Pampa.**

eintreten

- betreten, hineingehen, hereinkommen

  Es ist verboten, die Baustelle zu **betreten.**
- beitreten, sich anschließen, angliedern, Mitglied werden

  Ich überlege, ob ich **Mitglied** im Sportverein **werde.**
- zerstören, kaputtmachen, zertrümmern, demolieren

  Die Tür **wurde** mutwillig **demoliert.**
- verteidigen, sich bekennen, sich einsetzen, unterstützen, Partei ergreifen

  Es gehört manchmal Mut dazu, **sich** für jemanden **einzusetzen.**

empfindlich

- empfindsam, verletzbar, wehleidig, zartbesaitet, zimperlich, humorlos, beleidigt, nachtragend, gekränkt, reizbar, gereizt, wie eine Prinzessin auf der Erbse

  Mein kleiner Bruder ist sehr **wehleidig.** Er weint oft.

  Die Geisterbahn ist nichts für **zartbesaitete** Menschen.

  Verzeih mir endlich und sei nicht so **nachtragend!**
- schwächlich, anfällig, allergisch, nicht widerstandsfähig

  Lars ist viel krank. Er ist **nicht** sehr **widerstandsfähig.**
- zerbrechlich, fein, zart, dünn

  Die **zarte** Haut von Babys muss man sehr schonend behandeln.

„Stell dich nicht an **wie eine Prinzessin auf der Erbse!**“ Das sagt man zu jemandem, der sehr empfindlich ist. Im gleichnamigen Märchen kann die sensible Prinzessin nicht schlafen, weil sie spürt, was kein anderer spüren würde: eine kleine Erbse unter vielen dicken Matratzen.

der Schluss

das Ende

- der Schluss, der Abschluss, das Finale, der Ausgang, der Abbruch, die Schließung, der Schlusspunkt, das Lebensende

  Mit einem grandiosen **Finale** schloss das Feuerwerk ab.
- der Rest, das Endstück, der Zipfel, das Überbleibsel

  Den Wurst**zipfel** bekommt immer unser Hund.

endlich

- schließlich, nach längerer Zeit, nach längerem Warten, zuletzt

  Das Kofferpacken hat lange gedauert. Aber **schließlich** konnten wir dann doch losfahren.

eng

- anliegend, knapp, stramm, hauteng, knalleng

  Diese Hose ist **hauteng.** Sie sitzt **stramm.**
- beengt, begrenzt, schmal, klein, dicht, zusammengedrückt, eingepfercht, eingekeilt

  Als meine Eltern jung waren, lebten sie sehr **beengt** in einer kleinen Wohnung.

  Beim Popkonzert standen alle **dicht** an der Bühne.

  In Viehtransportern stehen die Tiere **eingepfercht** auf kleinstem Raum.
- befreundet, nah, vertraut, herzlich, freundschaftlich

  Meine Oma hat zwei **enge** Freundinnen. Die drei sind seit vielen Jahren **freundschaftlich** miteinander verbunden.

entscheiden

entscheiden

- beschließen, eine Entscheidung treffen, bestimmen, festlegen, anordnen, abmachen, festmachen

  Wir **beschlossen,** in unserem Klassenzimmer eine Experimentierecke einzurichten.

  Im Klassenrat muss **die Entscheidung getroffen werden,** wie wir mit dem Streit umgehen.

  Dieses Jahr durften meine Schwester und ich **bestimmen,** wohin wir in Urlaub fahren.

- sich entscheiden: sich festlegen, sich durchringen, sich entschließen, aussuchen, auswählen, festmachen, eine Wahl treffen

  Trotz meiner Angst **rang** ich **mich durch,** bei der Nachtwanderung mitzumachen.

  Lass uns einen Nachmittag **festmachen,** an dem wir uns zum Computerspielen treffen.

entschuldigen

- sich entschuldigen: um Verzeihung/Verständnis/Nachsicht bitten, bedauern

  Dem Angeklagten tat sein falsches Verhalten leid und er **bat um Verständnis.**

- abmelden, absagen, eine Entschuldigung schreiben

  Der Veranstalter **sagte** kurzfristig das Konzert der Band **ab.**

  Weil ich am Sportfest nicht teilnehmen konnte, **schrieb** mir mein Vater eine **Entschuldigung.**

- vergeben, verzeihen, nachsehen, nicht übelnehmen, nicht nachtragen, freisprechen, ein Auge zudrücken, fünf gerade sein lassen

  Weil man dem Angeklagten nichts nachweisen konnte, **wurde** er **freigesprochen.**

  Ich **habe** meiner Freundin ihre Schwindelei **nicht** lange **nachgetragen.**

„Da werde ich mal **fünf gerade sein lassen** und darüber hinwegsehen.“ Das sagt man, wenn man etwas nicht so streng beurteilen will. Denn die Fünf ist eine ungerade Zahl. Man muss also schon ziemlich großzügig sein, um sie als gerade Zahl durchgehen zu lassen.

erfahren

- hören, mitkriegen, mitbekommen, herausbekommen, entdecken, aufschnappen, dahinterkommen, läuten hören

  Von dem Überfall auf die Sparkasse nebenan habe ich nichts **mitgekriegt.** Erst später habe ich davon **gehört.**

  Bei einem Familienfest habe ich zufällig **aufgeschnappt,** dass meine Mutter auch mal eine Klasse wiederholen musste.
- erleben, erleiden, kennenlernen, zu spüren bekommen, die Erfahrung machen, am eigenen Leib erfahren

  Finn muss selbst mal **erleben,** wie schlimm es ist, verspottet zu werden.

erfinden

- sich etwas einfallen lassen, entwickeln, entwerfen, austüfteln, eine Erfindung machen, etwas Neues hervorbringen, aushecken, ausbrüten

  Ich **entwickle** gerade eine Hausaufgaben-mach-Maschine.

  Layla **heckt** immer wieder neue Streiche **aus.**
- schwindeln, flunkern, lügen, sich ausdenken, sich ausmalen, zusammenspinnen, täuschen, einen Bären aufbinden, aus der Luft greifen

  Stimmt das wirklich, oder **hast** du dir die Geschichte nur **ausgedacht?**

Emil **hat** seinen Freunden mit seiner haarsträubenden **Geschichte einen Bären aufgebunden.** Einen Bären zu fesseln und jemandem auf den Rücken zu binden ist unmöglich. Aber es wäre eine beeindruckende Geschichte, über die alle staunen würden. So eine hat sich auch Emil ausgedacht.

eine Erfindung machen

A B C D E F G H I J K L M N O P Q R S T U V W X Y Z

sich erholen

sich erholen

- sich ausruhen, sich entspannen, abschalten, relaxen, ruhig werden, verschnaufen, nichts tun, Pause machen, eine Verschnaufpause machen, gesund werden, auf die Beine kommen, Urlaub machen, neue Kräfte sammeln

  Nach der Arbeit muss meine Schwester immer auf dem Sofa **relaxen.**

  Die Wanderung war so anstrengend, dass wir **eine Verschnaufpause machen** mussten.

erinnern

- sich erinnern: nicht vergessen, behalten, denken an, sich entsinnen, wieder einfallen, wiedererkennen, zurückdenken, gedenken, zurückblicken, im Kopf haben

  Mir fällt es schwer, immer **an** mein Turnzeug zu **denken.**

  Wie peinlich! Ich **entsinne mich** nicht an den Namen unserer früheren Nachbarin.

  Beim Besuch in meinem alten Kindergarten **habe** ich vieles **wiedererkannt.**

  In einer Schweigeminute **gedachten** wir der Opfer.

- mahnen, auf etwas aufmerksam machen, drängen

  Meine Mutter arbeitet sehr viel. Mein Vater muss sie richtig **drängen,** mal eine Pause zu machen.

erklären

- sagen, zeigen, mitteilen, vorführen, darlegen, beibringen, erläutern, klar machen, nahebringen, deutlich machen

  Mein Großvater **bringt** mir das Schachspielen **bei.**

  Der Experte **erläutert** die Wahlergebnisse.

erkunden

- untersuchen, erforschen, durchsuchen, ermitteln, recherchieren, unter die Lupe nehmen, auskundschaften

  Im Urlaub **kundschaften** mein Bruder und ich immer als Erstes die Gegend **aus.**

der Zwischenfall

erlauben

- einverstanden sein, zustimmen, zulassen, einwilligen, genehmigen, gestatten, sich gefallen lassen, durchgehen lassen, die Erlaubnis geben

  Unser Hund ist sehr gutmütig. Er **lässt sich** fast alles von uns **gefallen.**

  Das gibt Ärger! Meine Eltern werden es nicht **durchgehen lassen,** dass meine Schwester im Haus raucht.

- sich erlauben: sich nicht scheuen, wagen, nicht zurückschrecken, sich herausnehmen, sich die Freiheit nehmen

  Leos Zwillingsschwester glaubt, nur weil sie die Ältere ist, könnte sie **sich** alles **herausnehmen.**

das Erlebnis

- das Ereignis, das Abenteuer, der Fall, die Veranstaltung, der Zwischenfall, der Vorfall, das Geschehen, die Geschichte, der Event

  Eine Fußballweltmeisterschaft ist ein internationaler **Event.**

ernten

- pflücken, schütteln, herunterholen, abzupfen, abschneiden, auflesen, einsammeln, lesen

  In den Weinbergen **wird** im Herbst der Wein **gelesen.**

erschrecken

verschlingen

erschrecken

- sich erschrecken: zusammenfahren, zusammenzucken, aufschrecken, einen Schrecken bekommen, sich fürchten, sich ängstigen, bangen, beben, zittern, schlottern, gruseln, erbleichen, erblassen, stutzen, erschauern, einen Schock erleiden, den Atem anhalten, wie angewurzelt stehen bleiben, die Haare stehen zu Berge, zur Salzsäule erstarren

  Das Reh hörte ein Geräusch, **stutzte** kurz und lief dann weiter.
  Auf frischer Tat ertappt, **blieb** der Fahrraddieb **wie angewurzelt stehen.**

- Angst machen, einschüchtern, verunsichern, verschüchtern, bestürzen, einen Schrecken einjagen, alarmieren, verblüffen, überrumpeln

  Obwohl der Nachbarjunge immer so großspurig auftritt, lasse ich mich nicht **einschüchtern.**

Unsere Tante **erstarrte zur Salzsäule,** als sie sah, dass mein kleiner Bruder über den Zaun des Löwenkäfigs klettern wollte. Die Redewendung bezieht sich auf eine Geschichte in der Bibel. Dort mussten Lot und seine Familie ihre Stadt verlassen. Keiner durfte sich mehr umdrehen. Als Lots Frau das doch tat, erstarrte sie augenblicklich zur Salzsäule. Genauso starr war auch die Tante – vor Schreck.

essen

- aufessen, verspeisen, picknicken, sich ernähren, den Hunger stillen, frühstücken, Mittag essen, zu Abend essen, vespern, schnabulieren, schmausen

  Ich **aß** alle Ostereier auf einmal **auf.**

  Im Vorübergehen **schnabulierten** wir ein Stückchen Schokolade.
- fein/schick essen: tafeln, speisen, genießen, schwelgen, dinieren, beim Mahl sitzen

  Feine Leute essen nicht, sie **dinieren.**
- nicht fein/nicht schick essen oder viel essen: mampfen, futtern, reinhauen, schlingen, verschlingen, verdrücken, vertilgen, verputzen, spachteln, löffeln, schlürfen, schmatzen, schlecken, sich vollstopfen, sich vollfressen, sich den Bauch vollschlagen

  Nach der Wanderung gab es eine große Schüssel Kartoffelsalat und alle **hauten rein.**

  Meine Oma **verputzte** vor dem Fernseher eine ganze Packung Eis.

  Wir **schlugen uns** mit einer doppelten Portion Pommes frites **den Bauch voll.**
- wenig essen: naschen, knabbern, kosten, picken, probieren

  Schlecht gelaunt **pickte** Tina in ihrem Essen herum.

etwas

- ein bisschen, wenig, nicht viel, eine Kleinigkeit, eine Spur, nur ein Fingerhut voll

  In diesem Quark ist nur **eine Spur** Zucker.
- irgendetwas, eine Sache, ein Ding, ein Stück, ein Teil

  Ich habe **etwas** hinter dem Busch gesehen. **Irgendetwas** Rotes hat sich dort bewegt.

  Gibst du mir **ein Stück** von dem Kuchen ab?

ewig

- endlos, unendlich, unvergänglich, für immer, immerzu, lang, stets, ständig, unaufhörlich, dauernd, pausenlos, fortwährend, ohne Ende, am laufenden Band

  Bei der Hochzeit schwor sich das Brautpaar **endlose** Liebe.

  Soll das denn **immerzu** so weitergehen?

a b c d e f g h i j k l m n o p q r s t u v w x y z

F

fahren

- sich fortbewegen, reisen, rollen, gleiten, spazieren fahren, herumgondeln, tuckern, schleichen, flitzen, rasen, jagen, sausen, brausen, preschen, durchstarten, zuckeln

  Mein Cousin **preschte** auf seinem Motorrad mit 100 Sachen über die Autobahn.

  Mit der Ponykutsche **zuckelten** wir gemütlich zum Ferienhof.

- fortbewegen, befördern, transportieren, karren, kutschieren, steuern, lenken

  Unsere Verwandten **kutschierten** uns mit ihrem Auto durch die ganze Stadt.

fair

- gerecht, zuverlässig, in Ordnung, ehrlich, aufrichtig, anständig, vertrauenswürdig

  Die Entscheidung des Linienrichters war **in Ordnung.**

  Der Händler machte einen **vertrauenswürdigen** Eindruck.

fallen

- stürzen, abstürzen, ausrutschen, umstürzen, umfallen, umkippen, hinfallen, plumpsen, rutschen, stolpern, purzeln, zu Boden fallen, das Gleichgewicht/den Halt verlieren, hinknallen

  Ich **verlor** auf dem Schwebebalken **das Gleichgewicht** und **plumpste** auf die Matte.

- abnehmen, weniger werden, zurückgehen, sich verringern, sinken, nachlassen, an Höhe verlieren

  Nachdem der Regen aufgehört hatte, **nahm** das Hochwasser **ab.**

  Heute Nacht **wird** die Temperatur unter 0 Grad Celsius **sinken.**

  Ganz langsam **verlor** der Heißluftballon **an Höhe.**

falsch

- nicht richtig, fehlerhaft, unwahr, verkehrt, unlogisch, erfunden, aus der Luft gegriffen, gelogen, erstunken und erlogen

  Pass auf, du fährst gerade völlig **verkehrt!**

  Ich glaube kein Wort, diese Geschichte ist doch **erstunken und erlogen!**
- heuchlerisch, hintenrum, unaufrichtig, hinterhältig, unehrlich, scheinheilig, verlogen, aalglatt

  Hinterhältig täuschten die beiden Diebe eine Panne vor, bevor sie die Urlauber ausraubten.

  Ich hätte nie gedacht, dass mein Freund so **verlogen** ist.
- unecht, gefälscht, nachgemacht, nachgeahmt, imitiert

  Immer wieder sind **gefälschte** Banknoten im Umlauf.

  Echte Markensachen sind teuer, **imitierte** werden billig verkauft.

Finns Behauptung, ich sei verliebt, ist völlig **aus der Luft gegriffen.**
Das heißt, Finns Behauptung ist nicht richtig. Sie hat keine feste Grundlage, so wie die Luft. Die kann man auch nicht greifen.

der Fan

- der Anhänger, die Verehrerin, der Getreue, das Groupie, die Schlachtenbummlerin, der Bewunderer

  Die **Groupies** begleiteten die Band schon seit vielen Monaten zu den Konzerten.

fangen

- einfangen, erjagen, packen, angeln, fischen, erbeuten, erlegen

  Mit einem einzigen Sprung **erlegt** die Löwin ihre Beute.
- fassen, aufgreifen, erwischen, stellen, festnehmen, ergreifen, gefangen nehmen, in Arrest nehmen, in Gewahrsam nehmen, hinter Gitter bringen, hinter Schloss und Riegel bringen, kriegen, schnappen

  Der Polizei gelang es nach kürzester Zeit, die Täter zu **stellen.**

  Auf dem Weg zum Stadion **wurden** mehrere Randalierer **in Gewahrsam genommen.**
- auffangen, festhalten

  Der Torwart konnte den Ball gerade noch **festhalten.**

A B C D E F G H I J K L M N O P Q R S T U V W X Y

a b c d e f g h i j k l m n o p q r s t u v w x y z

fassen

fassen

- ergreifen, festhalten, zugreifen, fangen, packen, schnappen, kriegen, in die Hand nehmen

  In größter Not **ergriff** der erschöpfte Schwimmer den Rettungsring.
  Raubtiere **packen** ihre Beute mit den Zähnen.
  Um besser hochklettern zu können, **nahm** Lars das Seil **in beide Hände.**

- anfassen, berühren, anrühren

  Rühr den Topf nicht **an,** er ist noch heiß!

- festnehmen, gefangen nehmen, verhaften, erwischen, hinter Schloss und Riegel bringen

  Die Täter **wurden** schnell **verhaftet.** Die Polizei **brachte** sie **hinter Schloss und Riegel.**

- Platz haben, hineinpassen, aufnehmen, enthalten

  In den Tank eines großen Autos **passen** 50 Liter Benzin **hinein,** der Tank eines kleinen Autos **fasst** weniger.

- sich fassen: sich wieder beruhigen, sich abregen, ruhig werden, sich von dem Schreck erholen

  Der Autofahrer **erholte sich** ziemlich schnell **von dem Schreck.** Ganz gefasst konnte er Angaben zu dem Unfall machen.

fast

- beinahe, nahezu, knapp, kaum, ungefähr, circa, rund, etwa, schätzungsweise, um ein Haar, um Haaresbreite

  Seit **knapp** einem Jahr spiele ich Rugby.

  In unserer Stadt gibt es **circa** zwanzig Eisdielen.

  Um ein Haar hätte ich unsere Verabredung vergessen.

faul

- träge, bequem, stinkfaul, schlafmützig, schreibfaul, mundfaul

  Unsere Katze fängt keine Mäuse mehr. Sie ist sehr **bequem** geworden.

- faul sein: faulenzen, nichts tun, die Hände in den Schoß legen, sich vor der Arbeit drücken, auf der faulen Haut liegen, Däumchen drehen, ein Faulpelz/Faultier sein, rumhängen, keinen Strich tun

  Ich muss arbeiten und ihr **liegt auf der faulen Haut!** Das finde ich ungerecht.

- verdorben, schlecht geworden, unbrauchbar, abgelaufen, verschimmelt, vermodert, vergammelt, ranzig

  Abgelaufene Lebensmittel sollte man nicht mehr essen.

  In den feuchten Ecken des Gartens liegt **vermodertes** Laub.

  Butter wird leicht **ranzig.**

- nicht in Ordnung, zweifelhaft, verdächtig, bedenklich, nicht einwandfrei, undurchsichtig, undurchschaubar

  Das ist ja eine ganz **faule** Ausrede!

  Die junge Frau war in **undurchsichtige** Geschäfte verwickelt.

„Du **bist** wirklich ein **Faultier!** Jetzt steh endlich auf!“ Das Faultier lebt in den Wäldern Mittel- und Südamerikas. Es muss in unserer Sprache als Ausdruck für „sehr faul“ herhalten.
Faultiere hängen ihr ganzes Leben lang in den Bäumen, bewegen sich nur im Zeitlupentempo und lassen sich durch nichts aus der Ruhe bringen.

der Fehler

der Fehler

- der Irrtum, das Versehen, der Schnitzer, das Missgeschick, der Verstoß, die Panne, der Patzer, die Ungeschicklichkeit, der Ausrutscher, der Schreibfehler, der Tippfehler, der Rechenfehler, der Druckfehler, der Denkfehler, der Versprecher

  Einen kleinen **Ausrutscher** kann sich auch ein guter Schüler mal leisten.

  Das Publikum lachte über den witzigen **Versprecher** der Moderatorin.

- der Mangel, der Schaden, die Beschädigung, der Defekt, die schwache Stelle, der Haken, die Macke, der Schönheitsfehler

  Es war keine große Reparatur. Der Motor hatte nur einen kleinen **Defekt**.

„Die Sache hat **einen Haken**“ sagt man, wenn man eine Schwierigkeit oder einen versteckten Fehler hinter etwas vermutet. Dabei denkt man wahrscheinlich zuerst an einen Angelhaken. So wie ein Fisch den Angelhaken im Köder nicht sieht, so wenig kann man manchmal die kleinen Fehler hinter einer Sache erkennen.

feiern

- ein Fest feiern, Weihnachten/Geburtstag feiern, eine Party veranstalten/machen, sich vergnügen, sich amüsieren, durchmachen, einen draufmachen, die Bude auf den Kopf stellen

  Meine Eltern **amüsierten sich** köstlich auf der Faschingsparty.

- ehren, zujubeln, würdigen, auszeichnen, beklatschen

  Nach seinem Sieg **ehrte** die Jury den Sänger mit einer Urkunde.

fertig

der Feind, die Feindin

- der Gegner, die Angreiferin, der Widersacher, der Erzfeind, die Todfeindin, die gegnerische Seite

  Die beiden Radprofis waren seit vielen Jahren hartnäckige **Widersacher.**

der Fernseher

- das Fernsehgerät, das Heimkino, die Mattscheibe, die Flimmerkiste, die Kiste, die Glotze

fertig

- erledigt, beendet, abgeschlossen, vollendet, ausgeführt, zu Ende, unter Dach und Fach

  Unser Waldprojekt ist **abgeschlossen.**

  Endlich ist der Kaufvertrag **unter Dach und Fach.**
- bereit, reisefertig, abfahrbereit, abmarschbereit, angezogen, startklar, betriebsbereit, fix und fertig, auf dem Sprung

  Wir haben eine Bewässerungsanlage konstruiert. Jetzt ist sie **betriebsbereit.**
- gar, essbar, genießbar, gekocht, zubereitet, angerichtet, serviert, aufgetragen, gerichtet

  Schon eine Stunde vor dem Fest war das kalte Büfett **angerichtet.**

  „Meine Herrschaften, das Essen ist **aufgetragen!**", ruft der Zeremonienmeister.
- erschöpft, schlapp, müde, schwach, abgehetzt, abgekämpft, ausgelaugt, entnervt, erholungsbedürftig, gerädert, kraftlos, matt, ferienreif, urlaubsreif, groggy, kaputt, alle, fix und fertig

  Ziemlich **gerädert** kamen wir vom Training.

  Nach der Radtour waren wir alle **fix und fertig.**

Der Boxer hing **groggy** in den Seilen. Das Wort „groggy" kommt aus der englischen Sprache. Es bedeutet „vom Grog betrunken". Der Grog ist ein stark alkoholisches Getränk. Ein Boxer liegt nach einem Kampf natürlich nicht betrunken im Ring. Er ist durch seinen Kampf nur so erschöpft und kraftlos, dass er wie ein Betrunkener kaum noch auf seinen Füßen stehen kann.

a b c d e **f** g h i j k l m n o p q r s t u v w x y z

das Fest

das Fest

- die Feier, die Party, die Einladung, der Empfang, das gesellige Beisammensein, der Event, der Ball, das Geburtstagsfest, das Straßenfest, das Schulfest, die Grillparty, das Gartenfest, das Hoffest

  Der Bürgermeister gab zu Jahresbeginn einen **Empfang** im Rathaus.

  Die Olympischen Spiele sind ein weltweiter **Event.**

das Feuer

- die Flamme, der Funke, die Glut, das Lagerfeuer, das Kaminfeuer

  Wir entfachten die **Glut** und legten Holz nach.
- der Brand, die Feuersbrunst, der Flächenbrand, der Großbrand, der Waldbrand, das Flammenmeer

  Die Feuerwehr kam schnell, um den **Großbrand** zu löschen.

finden

- entdecken, ausfindig machen, aufspüren, auftreiben, aufstöbern, stoßen auf, herausbekommen, herausfinden, erforschen, entschlüsseln, auf die Schliche kommen

  Es war sehr schwierig, nach dem Wasserrohrbruch schnell einen Handwerker **aufzutreiben.**

  Im Trödelladen **haben** wir nach langer Suche ein altes Puppenbett für meine Schwester **aufgestöbert.**

  Die Forscher **haben** die Bedeutung der alten Schrift **entschlüsselt.**
- meinen, glauben, denken, vermuten

  Ich **finde,** dass du dich für die dumme Bemerkung entschuldigen solltest.

  Ich **vermute,** dass wir diese Arbeit noch einmal machen müssen.

fit

- gesund, durchtrainiert, sportlich, frisch, munter, leistungsfähig, topfit

fleißig

- eifrig, strebsam, tüchtig, arbeitsam, unermüdlich, bienenfleißig

  Unermüdlich übt Katharina jeden Tag Geige.

fliegen

fliegen

- segeln, schweben, gleiten, flattern, schwirren, wirbeln

  Abends **schwirren** Motten um die Straßenlaternen.

- stürzen, hinfliegen, fallen, den Halt verlieren

  Auf einer hohen Leiter kann man leicht **den Halt verlieren.**

- entlassen werden, hinausgeworfen werden

  Nach der dritten Erpressung **ist** der Junge von der Schule **geflogen.**

fliehen

- flüchten, fortlaufen, weglaufen, wegrennen, davonlaufen, sich davonmachen, ausreißen, ausbrechen, entwischen, entlaufen, entkommen, abhauen, verduften, türmen, durchbrennen, ausbüxen, die Flucht ergreifen, Reißaus nehmen, sich aus dem Staub machen, sich in die Büsche schlagen, durch die Lappen gehen

  Beim Spazierengehen **ist** unser Hund schon öfter **ausgebüxt.**

Der Bankräuber ist der Polizei **durch die Lappen gegangen.** Er ist also entkommen. Ursprünglich waren es Rehe und Hirsche, die entwischten. Denn der Ausdruck kommt aus der Jägersprache. Früher spannten die Jäger bei Treibjagden bunte Stofflappen zwischen Bäume, um dem Wild den Fluchtweg zu versperren. Wenn ein Tier die Absperrung dennoch durchbrach, dann ging es den Jägern durch die Lappen.

A B C D E F G H I J K L M N O P Q R S T U V W X Y Z

fließen

fließen

- strömen, rinnen, sich ergießen, rauschen, triefen, sprudeln, quellen, münden, glucksen, gluckern, plätschern, gurgeln, tröpfeln, tropfen, sickern, kullern

  Der Regen **rinnt** vom Dach.
  Die Milch kochte über und **ergoss sich** über die ganze Herdplatte.
  Der Rhein **mündet** in die Nordsee.
  Dicke Tränen **kullerten** aus Joschis Augen.

das Flugzeug

- die Maschine, der Flieger, das Passagierflugzeug, das Frachtflugzeug, der Jet, der Düsenjäger, der Jumbojet, das Linienflugzeug, die Chartermaschine, der Privatjet, die Propellermaschine, das Segelflugzeug, der Doppeldecker

der Fluss

- der Strom, der Bach, der Kanal, das Rinnsal, die Quelle, das Gewässer, der Wasserlauf, die Wasserstraße, der Nebenfluss, der Gebirgsfluss, der Flussarm

  In der Sommerhitze ist der **Fluss** zum bloßen **Rinnsal** geworden.

flüstern

- leise sprechen, tuscheln, raunen, wispern, murmeln, zischen, brummeln, hauchen, säuseln, flöten, piepsen, ins Ohr sagen, im Flüsterton sprechen

  Der Filmheld **raunte** seiner Angebeteten eine Liebeserklärung ins Ohr.

folgen

- hinterhergehen, hinterherlaufen, hinterherkommen, dicht dahinter gehen, nachgehen, nachfolgen, nachkommen, sich anschließen, nachrücken, auf dem Fuße folgen, auf den Fersen bleiben

  Direkt an den Schulhof **schließen sich** große Gärten **an.**
  Um die Spur nicht zu verlieren, **blieb** der Detektiv dem Verdächtigen dicht **auf den Fersen.**

- gehorsam sein, gehorchen, befolgen, einhalten, sich beugen, sich richten nach, sich fügen, parieren

  Der Hund unseres Nachbarn **gehorcht** aufs Wort, unserer **pariert** nicht so gut.

forschen

- erforschen, untersuchen, experimentieren, auf den Grund gehen, unter die Lupe nehmen, durchleuchten, nachspüren, fahnden, erkunden, auskundschaften, hinterher sein, auf der Suche sein

  Die Forscher **experimentierten** lange, bis sie das geeignete Medikament fanden.

  Wir **kundschafteten** erst einmal einen guten Platz für die Zelte **aus.**

fragen

- eine Frage stellen, nachfragen, erfragen, anfragen, ausfragen, sich erkundigen, sich umhören, sich informieren, um Rat fragen, sich wenden an, ins Kreuzverhör nehmen, aus der Nase ziehen, Löcher in den Bauch fragen

  Wenn ihr euch verlaufen habt, dann **wendet euch an** die Polizei.

  Mein kleiner Bruder **fragt** uns **Löcher in den Bauch.**
- bitten, betteln, wünschen, anflehen, den Wunsch äußern, löchern, in den Ohren liegen

  Ich kann **betteln,** so viel ich will. Bevor ich nicht die Hausaufgaben gemacht habe, darf ich nicht fernsehen.
- sich fragen: überlegen, nachdenken, grübeln, neugierig/gespannt sein, sich wundern, sich den Kopf zerbrechen

  Ich **wundere mich,** dass meine Geburtstagsgäste immer noch nicht da sind.

„Lass doch Franziska endlich ins Kino gehen. Sie **liegt** mir schon so lange damit **in den Ohren**!“ Diesen Ausdruck benutzt man, wenn jemand immer wieder um dasselbe bittet und den anderen nicht in Ruhe lässt mit seinen Überredungskünsten.

untersuchen

A B C D E F G H I J K L M N O P Q R S T U V W X Y Z

die Frau

die Frau

- die Dame, die Ehefrau, die Gattin, die Exfrau, die Mutter, die Mama, die Schwester, die Großmutter, die Tochter, die Enkelin, die Partnerin, die Lebensgefährtin, die Freundin, die Geliebte, die Junggesellin, die Geschäftsfrau, die Karrierefrau, die Hausfrau, die Powerfrau, die Greisin, die Rentnerin, die Seniorin, die Madame, die Lady, die Traumfrau

frech

- übermütig, aufmüpfig, verwegen, kühn, dreist, vorlaut, flapsig, vorwitzig, ungezogen, unverschämt, patzig, pampig, schnodderig, forsch, rotzig, rotzfrech

  Direkt vor der Bank fand ein **dreister** Überfall auf einen Geldtransporter statt.

frei

- nicht eingesperrt, auf freiem Fuß, ungehindert, in Freiheit, selbstständig

  Nach seiner Haftstrafe war der Straftäter wieder **auf freiem Fuß.**
- umsonst, gebührenfrei, geschenkt, gratis, kostenlos, zum Nulltarif

  Kinder unter sechs Jahren können **umsonst** ins Kino. Für sie ist der Eintritt **frei.**
- nicht besetzt, unbesetzt, offen, ungehindert, unverbaut

  Es war nur noch ein Platz im Kino **nicht besetzt.**

  Von unserem Fenster aus hatten wir einen **unverbauten** Blick aufs Meer.

fremd

- unbekannt, nicht vertraut, ungewohnt, ungewöhnlich, anders, neu, fremdartig, wildfremd, exotisch

  Im Regenwaldhaus wachsen **exotische** Pflanzen aus fernen Ländern.

- ortsfremd, nicht von hier, von auswärts, nicht ortskundig, ausländisch

  Der Besucher kennt sich nicht aus. Er ist **von auswärts.**

fressen

- essen, futtern, verschlingen, weiden, grasen, äsen, nagen, kahl fressen, abgrasen, rupfen, knabbern, picken

  Eine Gruppe von Rehen **äst** am Waldrand.

die Freude

- der Spaß, das Glück, die Fröhlichkeit, die Heiterkeit, die gute Laune, das Vergnügen, die Begeisterung, das Entzücken, die Zufriedenheit, die Lust, der Jubel, der Freudenschrei, die gute Stimmung, die Vorfreude, die Schadenfreude, die Wiedersehensfreude

  Zum **Entzücken** ihrer Großeltern spielte Anna ein Lied auf der Flöte.

sich freuen

- fröhlich/froh/heiter/begeistert/entzückt/glücklich sein, lachen, jubeln, jauchzen, strahlen, herumalbern, ausflippen, aus dem Häuschen sein, sich freuen wie ein Schneekönig, vor Freude an die Decke springen, Luftsprünge machen

  Das Baby **jauchzte** vor Freude über den kleinen Hund.

Felis Opa **freute sich wie ein Schneekönig,** als er vier Richtige im Lotto hatte. Felis Opa hat sich also sehr gefreut. Diese Redensart geht zurück auf unseren kleinsten Singvogel, den Zaunkönig. Er bleibt im Winter bei uns und pfeift und singt fröhlich trotz Schnee und Kälte.

der Freund

der Freund, die Freundin

- die Schulfreundin, der Kumpel, die Kameradin, der Gefährte, die Leidensgenossin, der Verbündete, die Geschäftsfreundin, die Jugendfreundin, der Klassenkamerad, die Spielkameradin, der Brieffreund

  Leidensgenossinnen teilen sich das Leid.

  Für den Kampf um die Spielstraße suchen wir noch **Verbündete.**
- der Partner, die Lebensgefährtin, der Liebhaber, der Schatz, der Boyfriend, der Girlfriend, der Liebling, die Liebste, die Geliebte

  Der **Lebensgefährte** meiner Tante ist ganz okay.

freundlich

- lieb, nett, reizend, höflich, liebenswürdig, hilfsbereit, herzlich, sympathisch, aufmerksam, warmherzig, angenehm, entgegenkommend

  In der neuen Klasse wurde ich sehr **herzlich** aufgenommen.

  Der Taxifahrer war sehr **entgegenkommend.**
- mild, schön, sonnig, warm, hell, klar, heiter

  Nach den kalten Regentagen freuten wir uns über das **sonnige, milde** Wetter.

friedlich

- gewaltlos, ohne Gewalt, kampflos, nicht aggressiv, nicht streitsüchtig, versöhnlich, verträglich, kompromissbereit, ruhig, sanft, still, idyllisch

  Das traurige Buch hatte einen **versöhnlichen** Schluss.

  Beide Parteien zeigten sich **kompromissbereit** und einigten sich schließlich.

  Das Haus liegt sehr **idyllisch** am Waldrand.

versöhnlich

frieren

- frösteln, schaudern, erschauern, kalt werden, vor Kälte zittern/schlottern/bibbern, mit den Zähnen klappern, eine Gänsehaut bekommen, frieren wie ein Schneider

  Josi war zu lange im kalten Wasser. Jetzt **bibbert** sie vor Kälte.
- gefrieren, erstarren, vereisen, zufrieren, zu Eis werden, Eisblumen/eine Eisdecke/Eisschollen bilden

  Wasser **gefriert** bei null Grad Celsius.

„Gestern war es eigentlich zu kalt zum Schwimmen. Ich habe im Freibad **gefroren wie ein Schneider.**" Dieser Vergleich geht davon aus, dass viele Schneider früher dünn und schmächtig waren und deshalb leicht froren. Kräftig und stark mussten sie auch gar nicht sein, weil ihre Arbeit körperlich nicht anstrengend war und im Haus stattfand.

frisch

- neu gebacken, ofenwarm, knusprig, knackig, taufrisch, erntefrisch, von heute, appetitlich

  Das Brot war noch **ofenwarm,** das Gemüse **knackig** und **taufrisch.**
- ausgeruht, erholt, gesund, rosig, heiter, lebhaft, jung, munter, kräftig, fit, gut drauf, quietschfidel, in Form

  Fee hat sich schnell vom Fieber erholt und ist wieder **quietschfidel.**
- sauber, gewaschen, neu, rein, unbenutzt, unberührt, unverbraucht

  Dieses Handtuch kannst du nehmen, es ist noch **unbenutzt.**

  Wir hinterließen unsere Spuren im **unberührten** Schnee.
- kühl, kalt, eisig, frostig

  Ein **kühler** Wind kam auf.

froh

- zufrieden, erleichtert, erfreut, befreit, beruhigt, gut gelaunt, dankbar, glücklich, heiter, vergnügt, beschwingt, übermütig, unbeschwert, guter Dinge

  Nach der Prüfung fuhr meine große Schwester **glücklich** und **unbeschwert** in den Urlaub.

  Nach dem gewonnenen Spiel war die Mannschaft **guter Dinge.**

A B C D E F G H I J K L M N O P Q R S T U V W X Y Z

a b c d e f g h i j k l m n o p q r s t u v w x y z

füttern

fröhlich

- heiter, lustig, guter Laune, froh, glücklich, spaßig, witzig, beschwingt, ausgelassen, aufgekratzt, aufgedreht, happy, außer Rand und Band

  Nach der Party war ich noch ganz **aufgedreht** und konnte nicht einschlafen.

früher

- vor langer Zeit, damals, einst, vor vielen Jahren, lange her, vergangen

  Mein Großvater lebte **einst** in Afrika.
- eher, zeitiger, zu einem früheren Zeitpunkt

  Du hättest **eher** aufstehen müssen.

  Wenn ihr **zeitiger** kommt, können wir noch schwimmen gehen.

fühlen

- spüren, tasten, befühlen, wahrnehmen, merken, bemerken, feststellen, empfinden, ergriffen sein, Gefühle haben

  Im Laubhaufen **spürte** ich etwas Spitzes, Stacheliges.

  Ich **empfand** Mitleid mit den Menschen, die durch das Erdbeben alles verloren hatten.
- ahnen, erahnen, vorhersehen, vorausahnen, wittern

  Kurz vor Schluss des Spiels **witterten** die Fußballspielerinnen ihre Chance, den Pokal doch noch zu gewinnen.
- sich fühlen: sich vorkommen, das Gefühl/den Eindruck haben, zumute sein

  Nach dem dummen Streich **kamen** Andreas und Tom **sich** schuldig **vor.**

  Vor dem Test **war** mir elend **zumute.**

führen

- hinführen, geleiten, lotsen, vorangehen, bringen, lenken, den Weg zeigen, ins Schlepptau nehmen, dirigieren
  Einige Kinder hatten sich im Wald verlaufen, aber ein Förster **brachte** sie sicher nach Hause.
  Ein Polizeiwagen **geleitete** den Schwertransporter über die Landstraße.
- vorn liegen, anführen, Erster sein, den ersten Platz belegen, einen Vorsprung haben
  Nach dem dritten Durchgang **belegte** der Skispringer den **ersten Platz.**

Weil wir uns nicht auskannten, **nahm** uns eine junge Frau **ins Schlepptau** und zeigte uns den Weg zur Burg. Das heißt: Die Frau nahm die Kinder mit und führte sie zur Burg. Der Ausdruck stammt aus der Seemannssprache. Es kommt vor, dass Schiffe nicht selbstständig in den Hafen einfahren können. Sie müssen von einem anderen Schiff mit einem Schlepptau gezogen werden.

furchtbar

- schrecklich, schlimm, fürchterlich, katastrophal, entsetzlich, grauenhaft, grässlich, abscheulich, schauerlich, schaurig, beängstigend, hässlich, unansehnlich, scheußlich, verunstaltet, abstoßend, abschreckend, widerlich, widerwärtig, ekelhaft, haarsträubend
  So geschminkt sah meine Schwester wirklich **verunstaltet** aus.
  Am Kanal kam uns ein **widerwärtiger** Gestank entgegen.
  Mein Opa erzählte uns **haarsträubende** Geschichten über Löwen und Schlangen.
- sehr, überaus, außerordentlich, enorm, übermäßig, stark, ungeheuer
  Anja hat **außerordentlich** große Füße.
  Meine Gastfamilie war **ungeheuer** nett zu mir.

füttern

- zu essen/fressen geben, das Essen reichen, nähren, stillen, säugen, die Brust/die Flasche/zu trinken geben, aufpäppeln, stopfen, vollstopfen, überfüttern, mästen
  Pflegebedürftigen Menschen muss man **das Essen reichen.**
  Die meisten Babys **werden** in den ersten Monaten **gestillt.**
  Wir **päppeln** ein kleines Eichhörnchen mit der Flasche **auf.**

A B C D E F G H I J K L M N O P Q R S T U V W X Y Z

a b c d e f g h i j k l m n o p q r s t u v w x y z

ganz

- vollständig, völlig, vollkommen, voll, durchgängig, komplett, lückenlos, ohne Ausnahme, durch und durch, hundertprozentig, ganz und gar, von A bis Z, von Kopf bis Fuß, von Grund auf

    Der Zeuge musste **lückenlos** aufschreiben, wie es zu dem Unfall gekommen war.

    Ich kann mich auf meine Geschwister **hundertprozentig** verlassen.

    Der Torjäger hat heute **ganz und gar** versagt.

    Nach dem Brand wurde das Haus **von Grund auf** renoviert.

- unbeschädigt, unversehrt, heil, wohlbehalten, einwandfrei, perfekt, intakt, fehlerlos

    Die Schreibmaschine ist zwar alt, aber völlig **intakt.**

- sehr, wirklich, total, überaus, äußerst, wahnsinnig, ungemein, super-, erstaunlich, tierisch

    Die Klassenarbeit war **tierisch** einfach.

geben

- reichen, überreichen, übergeben, schenken, spenden, liefern, bieten, aushändigen, anbieten, hinstrecken, hinhalten, hinschieben, hinreichen, anreichen, erteilen, verleihen, bescheren, überlassen, zukommen lassen, zur Verfügung stellen, in die Hand drücken

    Nach dem Streit auf dem Schulhof **bot** Geli mir gönnerhaft die Hand zur Versöhnung.

    Der Schriftstellerin **wurde** der Literaturnobelpreis **verliehen.**

- vorhanden sein, vorkommen, leben, da sein, bestehen, existieren

    Gibt es hier irgendwo einen Spielplatz?

    Diese Würmer **kommen** nur im Watt **vor.**

    Der Gletscherfloh kann nur bei Temperaturen unter 10 Grad Celsius **existieren.**

die Gefahr

- drohendes Unheil, die Gefährdung, das Risiko, die Bedrohung, der Druck, die Verunsicherung, die Krise, das Damoklesschwert, die Lebensgefahr, die Todesgefahr, die Rutschgefahr, die Vergiftungsgefahr, die Ansteckungsgefahr, die Feuergefahr, die Frostgefahr, die Hochwassergefahr, die Einsturzgefahr, die Verdunklungsgefahr, die Unfallgefahr, die Lawinengefahr, die Erstickungsgefahr

Die Hochwassergefahr hing die ganze Nacht wie ein **Damoklesschwert** über dem Dorf. Das heißt, dass sich die Dorfbewohner durch das Hochwasser die ganze Nacht hindurch bedroht fühlten. Die Redewendung geht zurück auf die Geschichte eines römischen Dichters: Damokles beneidete seinen König um dessen glückliches Leben. Da wollte der König ihm eine Lehre erteilen. Damokles sollte sich auf den Thron setzen. Dann ließ der König ein Schwert an einem Pferdehaar über Damokles aufhängen. Damokles sollte fühlen, dass er in großer Gefahr war.

gefährlich

- gefahrvoll, bedrohlich, hochgefährlich, furchterregend, lebensgefährlich, selbstmörderisch, riskant, gewagt, abenteuerlich, waghalsig, verwegen, halsbrecherisch, draufgängerisch, beängstigend, beunruhigend, bedenklich, unsicher, kritisch, heikel, brenzlig, nicht geheuer, spannungsgeladen, unheildrohend, explosiv, eine Zitterpartie, schwindelerregend

  Der Plan, auf dem direkten Weg zur Hütte zu gehen, war **verwegen.**
  Der Heimweg über die Schlucht wurde zur **Zitterpartie.**

geheim

- vertraulich, heimlich, verborgen, verdeckt, klammheimlich, hintenrum, rätselhaft, hinter verschlossenen Türen, nichts für fremde Ohren, unbemerkt

  Die Aussage des Zeugen wurde streng **vertraulich** behandelt.
  Diese Information ist **nichts für fremde Ohren.**

geheimnisvoll

- rätselhaft, unerklärlich, undurchschaubar, unlösbar, undurchdringlich, geheimnisumwittert, übernatürlich, dunkel, magisch, dämonisch

  In der **geheimnisumwitterten** Burg soll es spuken!

gehen

gehen

- laufen, zu Fuß gehen, herumlaufen, hin und her gehen, sich die Füße vertreten, betreten, sich begeben, hinterhergehen, zurücklegen

  Sollen wir ein Taxi nehmen oder **laufen?**

  Nach einer langen Busfahrt müssen **sich** alle erst einmal **die Füße vertreten.**
- langsam gehen: schlendern, spazieren gehen, bummeln, schleichen, trotten, herumstreifen, trödeln, zuckeln

  Beim Spaziergang **trotteten** die Kinder mit müden Schritten den Erwachsenen hinterher.
- schnell gehen: rennen, flitzen, eilen, jagen, laufen, sausen, fegen, stürmen, hasten, huschen

  Die Hunde **fegten** um die Ecke.

  Im Scheinwerferlicht konnten wir nicht erkennen, was da über die Straße **huschte.**
- vornehm gehen: stolzieren, beschreiten, schreiten, wandeln, begehen, lustwandeln, stöckeln, promenieren

  Früher **lustwandelte** die Hofgesellschaft im Schlosspark.
- unsicher gehen: wanken, hinken, tapsen, humpeln, taumeln, torkeln, sich schleppen, wackeln, eiern

  Heute Nacht **tapste** mein kleiner Bruder zu Mama ins Bett.

  Nach dem Sturz auf den Hinterkopf **taumelte** die Verletzte über die Straße.

  Die Betrunkenen **torkelten** von einer Straßenseite zur anderen.

  Der alte Mann **wackelte** über die Straße.
- besonders gehen: latschen, schlurfen, stapfen, stiefeln, watscheln, waten, trippeln, marschieren, dackeln, tänzeln, trampeln, schlappen

  Die Entenküken **watschelten** hinter ihrer Mutter her.

  Bei den Filmfestspielen **tänzelten** die Stars über den roten Teppich.
- bergauf gehen: steigen, hinaufgehen, heraufsteigen, hochsteigen, aufsteigen, besteigen, klettern, hinaufklettern, kraxeln, erklimmen

  Mit letzter Kraft **erklommen** wir den Aussichtsturm.
- funktionieren, laufen, verkehren, möglich sein, klappen

  Endlich **läuft** unser DVD-Spieler wieder.

  Der Zug **verkehrt** nur an Sonn- und Feiertagen.
- zusammen sein, befreundet sein, miteinander gehen, ein Paar sein

  Rosi und Carlo **gehen** schon seit drei Wochen **miteinander.**

kuschen

gehorchen

- befolgen, hören, folgen, spuren, parieren, hinnehmen, nachgeben, sich fügen, sich unterordnen, sich unterwerfen, kuschen, sich ducken, einknicken, strammstehen, klein beigeben, einen Befehl ausführen, nach der Pfeife tanzen

  Ich habe ihn vor der Gefahr gewarnt, aber mein Freund **hörte** nicht auf mich.

  Sabine ist herrschsüchtig. Aber nur die Duckmäuser **tanzen nach ihrer Pfeife.**

Meine Mutter ließ sich nicht überreden. Ich musste schließlich **klein beigeben** und das Computerspiel beenden. Die Redensart wurde ursprünglich beim Skatspielen gebraucht. Sie beschreibt die Situation, dass man seinem Mitspieler nur Karten mit kleinem Wert zuspielen kann, weil man keine höheren auf der Hand hat.

gehören

- haben, besitzen, Eigentum sein, verfügen

  Dieses Buch **ist** mein **Eigentum.** Es **gehört** nicht dir!

  Nach dem Lottogewinn **verfügte** der Glückspilz über ein großes Vermögen.

- zählen zu, zugehören, angehören, gerechnet werden zu

  Die Tulpe **zählt zu** den Frühblühern.

geil

- ausgezeichnet, fantastisch, wunderbar, großartig, hervorragend, unglaublich, nicht zu glauben, schön, gut, scharf, stark, super, toll, cool, heiß, spitze, klasse

  Fantastische Party!

gelb

- hellgelb, dunkelgelb, gelblich, zitronengelb, sonnengelb, goldgelb, dottergelb, neongelb, kanariengelb, ockergelb, golden

  Die Schrift auf meinem neuen T-Shirt leuchtet **neongelb.**

das Geld

- das Zahlungsmittel, das Bargeld, die Banknoten, die Geldscheine, die Münzen, das Kleingeld, das Wechselgeld, der Euro, der Cent, die Währung, das Taschengeld, das Spielgeld, das Kindergeld, das Lösegeld, das Bußgeld, das Trinkgeld

gemein

- ungerecht, unfair, boshaft, böse, bösartig, schlecht, niederträchtig, abscheulich, erbärmlich, hundsgemein, charakterlos, gewissenlos, skrupellos, fies, giftig, frech, unverschämt

  Skrupellose Geschäftemacher setzen sich über alle Umweltschutzbestimmungen hinweg.

„So eine **hundsgemeine** Lügnerin!" Warum muss gerade der Vergleich mit einem Hund für so eine Beschimpfung herhalten? Der Hund gilt doch seit Jahrtausenden als treuer Freund und Begleiter des Menschen. Andererseits wird er aber auch verachtet, weil er so unterwürfig ist. „Hund" ist also auch ein Schimpfwort und steht in Wortzusammensetzungen verstärkend für etwas Schlechtes.

gemütlich

- wohnlich, behaglich, bequem, urgemütlich, kuschelig, lauschig, harmonisch, zwanglos, wohlig, gemächlich, seelenruhig, bedächtig

  Da ist ein **lauschiges** Plätzchen für unser Picknick.

  Ganz **gemächlich** erhob sich Großvater aus seinem Sessel.

genau

- gründlich, gewissenhaft, sorgfältig, ordentlich, korrekt, präzise, exakt, pingelig, haargenau, haarklein, haarscharf, pünktlich, auf die Sekunde/Minute genau, mit dem Glockenschlag, wortgetreu

  Beim Modellbau muss man sehr **präzise** arbeiten.

  Ich habe den Spaziergängern den Weg **haarklein** beschrieben.

  Meine Uhr geht **auf die Sekunde genau.**

  Mein kleiner Bruder will Märchen immer **wortgetreu** hören.

genial

- einfallsreich, erfindungsreich, ideenreich, intelligent, schöpferisch, begabt, hochbegabt, bahnbrechend, mit Köpfchen

  Ich werde sicher einmal eine **bahnbrechende** Erfindung machen.

- ausgezeichnet, großartig, hervorragend, fantastisch, wunderbar, sehr gut, sehr schön, brillant, erstklassig, grandios, vorzüglich, glänzend, blendend, spitze, supertoll, geil, cool, echt krass

  Das Essen hat **vorzüglich** geschmeckt.

gerade

- nicht krumm, nicht schief, unverbogen, senkrecht, waagerecht, eben, kerzengerade, pfeilgerade, schnurgerade

  Diese Straße führt **schnurgerade** zur Autobahn.

- jetzt, soeben, in diesem Augenblick/Moment

  Soeben kam die gute Nachricht aus dem Krankenhaus.

- eben noch, knapp, mit Mühe und Not

  Durch den Stau haben wir das Flugzeug nur **mit Mühe und Not** erreicht.

mit dem Glockenschlag

das Geräusch

das Geräusch

- der Laut, der Ton, der Schall, der Klang, der Lärm, der Krach, der Radau, das Gebrüll, das Geschrei, das Getöse, der Knall, das Gepolter, das Gebimmel, das Geklapper, das Geknatter, das Dröhnen, das Geraschel, das Brummen, das Rauschen, das Plätschern, das Gemurmel, das Knistern, das Klirren, das Knirschen, das Stimmengewirr

  Der schwere Koffer ist mit lautem **Gepolter** die Treppe herunter gefallen.
  Im Schulbus herschte ein fröhliches **Stimmengewirr.**

gerecht

- fair, unparteiisch, unbestechlich, neutral, gerechtigkeitsliebend, ohne Vorurteile

  Obwohl unsere Klasse einen schlechten Ruf hatte, ging unsere neue Lehrerin **ohne Vorurteile** auf uns zu.

der Geruch

- der Duft, das Parfüm, das Aroma, der Gestank, der Mief, der Körpergeruch, der Schweißgeruch, der Brandgeruch, der Essensgeruch

  Dieser Käse hat ein strenges **Aroma.**

das Geschäft

- der Laden, das Kaufhaus, der Supermarkt, das Einkaufszentrum, das Fachgeschäft, der Drogeriemarkt, der Baumarkt, der Kiosk, der Shop, das Lebensmittelgeschäft, der Gemüseladen, die Boutique, das Schuhgeschäft, das Sportgeschäft, das Fischgeschäft, der Blumenladen, die Buchhandlung, die Metzgerei, die Bäckerei, die Zoohandlung

  Die meisten **Läden** haben am Sonntag geschlossen.
- die Firma, der Betrieb, die Fabrik, das Unternehmen, das Büro

  Meine Eltern arbeiten in einem großen **Unternehmen,** meine Oma hat eine kleine **Firma.**
- der Handel, der Umsatz, der Verkauf, der Gewinn, der Deal, das Weihnachtsgeschäft, das Tauschgeschäft, das Millionengeschäft

  Dieser Kauf war wirklich ein gutes **Geschäft** für uns.
  Vor Weihnachten machen die Händler die größten **Umsätze.**
  Das war kein gerechter **Deal!**

der Gestank

gesund

- munter, fit, wohlauf, frisch, gut erholt, geheilt, kerngesund, pudelwohl, in Form, wie ein Fisch im Wasser, wieder auf den Beinen
  Meine Oma ist schon alt, aber **kerngesund.**
  Nach langer Krankheit ist unsere Nachbarin nun **wieder auf den Beinen** und fühlt sich **pudelwohl.**
- bekömmlich, nahrhaft, nicht belastend, gut verträglich, gesundheitsbewusst
  Wer sich **gesundheitsbewusst** ernähren will, sollte viel Obst und Gemüse essen.

gewinnen

- siegen, besiegen, überlegen/besser sein, sich durchsetzen, triumphieren, der Sieger/Erste sein, als Erste durchs Ziel gehen, den Sieg davontragen, das Spiel/das Rennen machen, die Nase vorn haben
  In der Formel 1 konnte **sich** der Weltmeister diesmal nicht **durchsetzen.**
- erreichen, erhalten, bekommen, gewinnen, einheimsen, interessieren, kriegen, einwickeln, herumkriegen
  Für mein schönes Bild **habe** ich viel Lob **bekommen.**
  Nach vielen Abenteuern **gewann** der Prinz das Herz seiner Angebeteten.
  Wir konnten die Parallelklasse für unseren Plan **interessieren.**
- erzeugen, herstellen
  Mit Windrädern **erzeugt** man elektrischen Strom.

A B C D E F G H I J K L M N O P Q R S T U V W X Y Z

giftig

giftig

- gifthaltig, schädlich, gesundheitsschädlich, gefährlich, lebensgefährlich, tödlich, hochgiftig

  Manche Chemikalien sind **lebensgefährlich.**
- bösartig, aggressiv, gehässig, boshaft, böse, schadenfroh, falsch, teuflisch, gemein, bissig, zickig

  Das war aber eine **gehässige** Bemerkung!

glänzen

- scheinen, leuchten, strahlen, blinken, schimmern, flimmern, glitzern, funkeln, blenden, reflektieren, widerspiegeln

  Wenn die Sonne tief steht, **blendet** sie im Auto manchmal.
- auffallen, herausragen, beeindrucken, sich hervortun, sich abheben, sich wichtigtun, imponieren

  Lisa **hat sich** als brillante Geigenspielerin **hervorgetan.**

  Mit seinem großen Rad will der Pfau dem Weibchen **imponieren.**

glatt

- eben, ebenmäßig, flach, geebnet, poliert, blank, spiegelglatt, gleichmäßig, rutschig, glitschig

  Macht bitte keinen Kratzer in die **polierte** Tischplatte!

  Nach dem Eisregen war die Straße **spiegelglatt.**
- einfach, mühelos, problemlos, reibungslos, unkompliziert, unproblematisch, wie am Schnürchen, ohne Zwischenfälle

  Alles ist **wie am Schnürchen** gelaufen!

glücklich

glauben

- denken, meinen, finden, vermuten, annehmen, der Meinung sein
  Ich **vermute,** dass es mit unserer Verabredung morgen nicht klappt.
- sich verlassen auf, vertrauen, zählen auf, abnehmen, für richtig/wahr halten
  Ich **nehme** es meinem Freund nicht **ab,** dass er zu spät gekommen ist, weil er den Bus verpasst hat.
- gläubig/fromm/religiös sein
  Weil es verschiedene Religionen gibt, **glauben** nicht alle Menschen dasselbe.
  Mein Vater **ist** nicht **religiös.**

gleich

- gleichartig, derselbe/dieselbe/dasselbe, übereinstimmend, ebenso, genauso, identisch, gleichbedeutend, austauschbar, nicht zu unterscheiden, zum Verwechseln ähnlich
  Für den Teppich und die Vorhänge in meinem Zimmer habe ich **übereinstimmende** Farben ausgesucht.
  Eineiige Zwillinge haben **identische** Erbanlagen und sehen sich deshalb **zum Verwechseln ähnlich.**
- sogleich, sofort, auf der Stelle, jetzt, unverzüglich, augenblicklich, umgehend, schnurstracks, sehr bald, umgehend, im Nu, auf Anhieb
  Im Nu war der Rettungswagen da.
  Tatjana verstand die Aufgaben **auf Anhieb.**

glücklich

- selig, glückselig, überglücklich, glückstrahlend, freudestrahlend, wunschlos, hingerissen, beflügelt, beschwingt, beglückt, freudig, froh, zufrieden, happy, gut drauf
  Meine große Schwester war völlig **hingerissen** von meinem Geburtstagsgeschenk.
  Beflügelt vom Erfolg wollte die Mannschaft jetzt auch ins Finale.

grausam

- herzlos, gefühllos, kaltblütig, unbarmherzig, erbarmungslos, teuflisch, brutal, hart, grob, schonungslos, unmenschlich

a b c d e f g h i j k l m n o p q r s t u v w x y z

groß

- lang, hoch, baumlang, haushoch, turmhoch, überragend, riesig, stark, heftig, üppig, stattlich, massig, gewaltig, gigantisch, grandios, mächtig, geräumig, weit, breit, ausgedehnt, umfangreich, tief, unendlich, unermesslich

  Unser **baumlanger** Nachbar passt kaum durch unsere Tür.
  Ein **heftiger** Sturm brach los.
  Bei der Hochzeit meiner Tante wurde ein **üppiges** Mahl aufgetischt.
  Die Pyramiden in Ägypten sind **massige** Bauwerke.
  Die Polizei startete eine **umfangreiche** Suchaktion.

- älter, erwachsen, ausgewachsen, kein Kind mehr, volljährig, flügge

  Meine **große** Schwester ist gerade **volljährig** geworden.
  Die Amseljungen verlassen ihr Nest, wenn sie **flügge** sind.

- berühmt, anerkannt, bekannt, bedeutend, gefeiert, weltberühmt, prominent

  Goethe war ein **großer** Dichter. Seine Werke sind **weltberühmt.**

grün

- hellgrün, dunkelgrün, grünlich, grasgrün, giftgrün, moosgrün, blaugrün, flaschengrün, smaragdgrün, olivgrün, tannengrün

  An Mamas Ring funkelt ein **smaragdgrüner** Stein.

- unreif, frisch, sauer, roh, noch zu jung, halbwüchsig, unerfahren, noch grün hinter den Ohren

  Bananen werden **grün,** also noch **unreif,** geerntet.
  Schon nach zwei Wochen sah unser Adventskranz nicht mehr **frisch** aus.

Da kannst du noch nicht mitreden. Du bist ja **noch grün hinter den Ohren!** Diese Äußerung hören Kinder oder Jugendliche manchmal, wenn sie sich in eine Unterhaltung einmischen und die Erwachsenen glauben, dass sie dafür zu jung oder zu unerfahren sind. Die Farbe Grün steht häufig für frisch, jung, roh, unfertig und unerfahren.

gewaltig

gut

- ausgezeichnet, hervorragend, einwandfrei, erstklassig, vorzüglich, groß, mächtig, reichlich, ertragreich, prima, super

  Kati ist eine **vorzügliche** Eisläuferin.

  Trotz des nassen Sommers war das Jahr **ertragreich.**
- hilfreich, nützlich, wirksam, wirkungsvoll, günstig, geeignet, passend, vorteilhaft

  Deine Idee ist wirklich **hilfreich.**

  Ein **wirksames** Mittel gegen Bauchweh ist eine Wärmflasche.

  Der Bankräuber passte eine **günstige** Gelegenheit ab, um zu verschwinden.
- einfach, mühelos, problemlos, leicht, ohne Probleme

  Nach der Reparatur funktioniert mein CD-Player wieder **problemlos.**
- angenehm, erfreulich, freudig, glücklich, schön

  Die Geschichte nahm ein **glückliches** Ende.
- anständig, hilfsbereit, gütig, selbstlos, uneigennützig

  Nach dem Hochwasser halfen **uneigennützige** Menschen beim Wiederaufbau.
- frisch, genießbar, haltbar, noch nicht verfallen

  Der Fleischsalat ist noch ein paar Tage **haltbar.**
- abgemacht, akzeptiert, einverstanden, in Ordnung, geht klar, okay, ist gebongt

  Okay, ist **gebongt,** ich komme mit!

das Haar

- die Haare, die Frisur, der Haarschnitt, der Haarschopf, die Mähne, der Wuschelkopf, die Locken, die Naturlocken, der Zopf, die Tolle, die Strähnen, die Perücke, das Haarteil, das Toupet

  Mit einer **Perücke** auf dem Kopf sieht man ganz anders aus.
  Eine Windböe riss dem Bademeister das **Toupet** vom Kopf.

haben

- besitzen, gehören, innehaben, bekommen, kriegen, erhalten, verfügen über, ausgestattet sein, vorweisen können, sein Eigen nennen, in Händen haben, vorrätig haben, auf Lager haben

  Uns **gehört** die eine Hälfte des Hauses, unseren Nachbarn die andere.
  Viele Jahre lang **hatte** ein Landwirt das Amt des Bürgermeisters **inne.**
  Kann ich mal deine Taschenlampe **bekommen?**
  Reiche Leute können **über** sehr viel Geld **verfügen.**
  Das Hotel **ist** mit antiken Möbeln **ausgestattet.**

halten

- anhalten, stehen bleiben, stoppen, Halt machen, zum Stehen kommen, bremsen, stocken, unterbrechen, innehalten, aussetzen, abbrechen, einhalten, landen, anlegen

  Nach einer Vollbremsung **kam** der Zug **zum Stehen.**
  Mitten im Satz **hielt** die Rednerin **inne,** weil ein Handy klingelte.
- behalten, aufrechterhalten, beibehalten, behaupten, bewahren

  Der Weltmeister konnte seinen Rekord **behaupten.**
- festhalten, anfassen, anpacken, packen, ergreifen, nehmen, stützen, nicht loslassen

  Der Torwart **hielt** den Elfmeter.
  Das Dach **wurde** nur noch von ein paar Balken **gestützt.**

- sehen, denken, meinen
  Was **hältst** du von dieser Idee?
  Was **meinst** du dazu?
- sich halten an: beachten, befolgen, beherzigen, berücksichtigen, einhalten, respektieren, sich richten nach, ernst nehmen, sich zu Herzen nehmen
  Jeder muss **sich** an die Gesetze **halten.**
  Auf der Straße muss man **sich** nach den Verkehrsregeln **richten.**
  Hugo **nahm sich** den Rat seines Freundes **zu Herzen.**

hängen

- aufhängen, befestigen, festmachen, hinhängen, anbringen
  Ich **hängte** meine Jacke über den Stuhl.
  Mit zwei Klebestreifen **brachte** ich das Plakat an der Tür **an.**
- baumeln, schweben, schwingen, flattern, schaukeln, sich wiegen
  Das Bild **hing** schief an der Wand.
  Die Kinder saßen auf dem Steg. Ihre Beine **baumelten** über dem Wasser.
  Die Wäsche **flattert** an der Leine.
- festkleben, festsitzen, festhängen, anhaften, ankleben, kleben, pappen, sich festsetzen, haften bleiben
  Nach dem Waldspaziergang **hing** Schmutz an unseren Schuhen, er **hatte** sich in den Ritzen **festgesetzt.**
  Die Farbe **blieb** an den Fingern **haften.**
- hängen an: mögen, lieben, nicht verlieren wollen, nicht verzichten wollen, sich nicht trennen können
  Ich **hänge** sehr **an** meiner Schwester.
  Mein kleiner Bruder **kann sich nicht** von seiner Schmusedecke **trennen.**

hänseln

- ärgern, aufziehen, auslachen, verlachen, verspotten, verhöhnen, necken, sticheln, spötteln, spotten, sich lustig machen, lächerlich machen, frotzeln, veräppeln
  Man sollte niemanden **verhöhnen,** nur weil er keine teuren Turnschuhe trägt.
  Hinter Helenes Rücken **stichelten** ihre Klassenkameraden gegen sie.

a b c d e f g h i j k l m n o p q r s t u v w x y z

unauffällig

hart

- fest, steif, starr, steinhart, stahlhart, glashart, knüppelhart, knochenhart, eisenhart, spröde, robust, abgehärtet

  In der Eiseskälte wurden meine nassen Handschuhe ganz **starr.**
  Zu viel Sonne macht die Haut trocken und **spröde.**
  Fischer und Seeleute sind durch Wind und Wetter **abgehärtet.**

- herzlos, lieblos, streng, schonungslos, gnadenlos, erbarmungslos, mitleidlos, gefühllos, kalt, eiskalt, versteinert, eisern, knallhart, hartherzig, unerbittlich, unbarmherzig, unversöhnlich, unnachgiebig, ungerührt

  Nur mit **eisernem** Willen schaffte der Bergsteiger die letzten Meter bis zum Gipfel.
  Die Unterhaltungsbranche ist ein **knallhartes** Geschäft.
  Völlig **ungerührt** und mit **versteinerter** Miene nahm der Angeklagte sein Urteil entgegen.

- anstrengend, beschwerlich, mühevoll, mühsam, mühselig, schwer

  Bevor es Waschmaschinen gab, war das Wäschewaschen eine **mühselige** Arbeit.
  Die Nachricht war ein **schwerer** Schlag.

hässlich

- unschön, unansehnlich, plump, abscheulich, scheußlich, fratzenhaft, verzerrt, furchtbar, verunstaltet, entstellt, schauerlich, schaurig, abstoßend, abschreckend, widerlich, widerwärtig, ekelhaft, potthässlich

  Durch die Renovierung wurde das alte Haus völlig **verunstaltet.**

Die Dame hatte einen **potthässlichen** Hut auf. „Pott“ sagt man in manchen Regionen zum Topf. Vielleicht war der Hut tatsächlich so hässlich wie ein alter, verbeulter Topf.

das Haus

• das Gebäude, der Bau, das Bauwerk, das Wohnhaus, das Einfamilienhaus, das Reihenhaus, der Bungalow, das Landhaus, das Mietshaus, das Hochhaus, der Wolkenkratzer, das Häuschen, die Baracke, die Bude, die Hütte, die Villa, der Palast, das Schloss, die Burg, das Blockhaus, das Ferienhaus, die Datscha, das Holzhaus, das Lehmhaus, das Glashaus, das Steinhaus, das Iglu, das Gartenhaus, die Laube, das Gewächshaus, das Rathaus, das Gemeindehaus, das Krankenhaus, das Forsthaus, das Geburtshaus, das Elternhaus

Das Wochenende verbringen wir immer in unserer **Datscha.**

heimlich

• unbeobachtet, unbemerkt, unerkannt, ungesehen, geheim, unauffällig, klammheimlich, verborgen, versteckt, hintenherum, still und leise, im Geheimen, im Verborgenen, im Stillen, in aller Stille, unter der Hand, bei Nacht und Nebel

Der Schiedsrichter bemerkte das **versteckte** Foul sofort.
Ich habe erfahren, dass Lisa **hintenherum** etwas Gemeines über mich gesagt hat.
Bei Nacht und Nebel machte sich der Hochstapler aus dem Staub.

heiraten

• sich das Jawort geben, ein Ehepaar werden, Hochzeit feiern/halten, sich trauen lassen, sich verheiraten, sich vermählen, die Ringe tauschen, vor den Traualtar treten, zur Frau/zum Mann nehmen, sich binden, im Hafen der Ehe landen

Manche Brautpaare **lassen sich** nur auf dem Standesamt **trauen,** andere **geben sich** auch noch in der Kirche **das Jawort.**

A B C D E F G H I J K L M N O P Q R S T U V W X Y Z

heiß

heiß

- sehr warm, drückend, sommerlich, sonnig, fiebrig, glühend/kochend/siedend/brüllend heiß, tropisch, knallheiß

  Meine Mutter legte mir ein feuchtes Tuch auf meine **fiebrige** Stirn.

  Siedend heiß fiel mir ein, dass ich die Verabredung mit meinem Freund vergessen hatte.
- sehr heftig, leidenschaftlich, heißblütig, hitzig, stürmisch, erbittert

  Die Klassensprecherwahl löste eine **leidenschaftliche** Diskussion aus.

  Wir diskutierten **erbittert** mit den Jungen von nebenan.
- genial, sensationell, toll, wunderbar, super, cool, spitze

  Eine **tolle** Party mit **coolen** Typen war das!

helfen

- unterstützen, behilflich sein, aushelfen, nachhelfen, mithelfen, mitarbeiten, zuarbeiten, beisteuern, beitragen, beistehen, einspringen, entlasten, mit anfassen, mit anpacken, sich nützlich machen, sich erbarmen, Arbeit abnehmen, Hilfestellung geben, Hilfe leisten, den Rücken stärken, Beistand leisten, zur Hand gehen, zur Seite stehen, Steine aus dem Weg räumen

  Nur weil meine Großeltern etwas Geld **beisteuerten,** konnte ich mir ein Fahrrad kaufen.

  Mit ihrem Theaterstück **trug** die Klasse sehr zum Gelingen des Schulfestes **bei.**

  Wir mussten alle kräftig **mit anpacken,** um rechtzeitig fertig zu werden.

  Endlich **erbarmte sich** jemand, die Spülmaschine auszuräumen.

Du musst lernen deine Angelegenheiten selber zu regeln. Wir können dir nicht immer wieder die **Steine aus dem Weg räumen.** Das könnten Eltern zu ihrem Kind sagen, wenn es sich allzu sehr auf ihre Unterstützung und Hilfe verlässt. Bei dieser Redewendung geht es natürlich nicht um echte Steine, sondern um Schwierigkeiten des Kindes, die von den Eltern beseitigt werden.

entlasten

hell

- beleuchtet, erleuchtet, taghell, licht, lichtdurchflutet, freundlich, klar, sonnig, wolkenlos

    Aus dem dunklen Flur traten wir in einen **lichtdurchfluteten** Raum.
    Heute ist ein **wolkenloser** Tag!

- glockenhell, rein, silberhell, glockenrein

    Ich hörte schon an der Tür das **glockenhelle** Lachen meiner Schwester.

- gescheit, intelligent, klug, blitzgescheit, helle

    Vanessa ist ein **blitzgescheites** Mädchen.

herrlich

- prächtig, glänzend, entzückend, wunderbar, wunderschön, bildschön, unvergleichlich, traumhaft, zauberhaft, hinreißend, großartig, umwerfend, paradiesisch, toll, super

    Mary sah **hinreißend** aus in ihrem Prinzessinnenkleid.
    Pawels Eltern machen an einem **paradiesischen** Strand Urlaub.

hinten

- auf der Rückseite, dahinten, dahinter, im zurückliegenden Teil, rückseitig, hintendran

    Auf der Rückseite eines Buches steht meistens eine kurze Inhaltsangabe.

hoch

hoch

- emporragend, haushoch, turmhoch, himmelhoch, alles überragend
  Ein **haushoher** Fels ragte aus dem Meer.
- aufwärts, hinauf, nach oben, empor, in die Höhe, hoch in die Luft, himmelwärts
  Stina riss vor Begeisterung ihre Arme **in die Höhe.**
  Von der Hütte aus ging es auf einem schmalen Pfad **himmelwärts.**
- beachtlich, beträchtlich, enorm, erheblich, gigantisch, unermesslich, hart, schwer, schmerzlich, deftig, sagenhaft, happig, gesalzen, gepfeffert
  Der Unfallschaden war **beträchtlich.**
  Für mutwillige Zerstörungen gibt es **deftige** Strafen.
  Die Preise hier sind wirklich **gesalzen.**
- glockenrein, glockenhell, hell, hoch klingend, glasklar
  Ältere Menschen hören **hoch klingende** Töne schlecht.

holen

- beschaffen, besorgen, nehmen, abholen, heranholen, heranschaffen, herausholen, herausnehmen, herbeibringen, herbeiholen, herbeischaffen, herbringen, herschaffen, anschleppen
  Als Nachtisch **nehme** ich mir ein Eis aus der Tiefkühltruhe.
  Mein Vater **schleppt** stapelweise Computerzeitschriften **an.**
- gewinnen, einheimsen, erlangen, erwerben, kriegen
  Der Läufer **heimste** bei der Weltmeisterschaft viele Medaillen **ein.**
- sich holen: sich anstecken, sich einfangen, bekommen, sich zuziehen
  Unter den vielen Menschen hatte Winnie sich eine Grippe **eingefangen.**

hören

- anhören, zuhören, hinhören, horchen, lauschen, vernehmen, erfahren, erlauschen, erkennen, verstehen, mitkriegen, aufschnappen, erzählt bekommen, die Ohren spitzen, zu Ohren kommen, lange Ohren machen
  Von ferne **vernahmen** wir das Rauschen des Meeres.
  Schon von Weitem **erkannte** ich meine Cousine an der Stimme.
  Uns **war zu Ohren gekommen,** dass das Schwimmbad geschlossen werden sollte.
  Als meine Eltern merkten, dass wir Kinder **lange Ohren machten,** wechselten sie das Thema.

- gehorchen, brav sein, folgen, sich sagen lassen

  Von mir **lässt sich** mein Bruder nichts **sagen.**

Hunger haben

- Appetit/Kohldampf/Heißhunger haben, einen Bärenhunger/einen Riesenhunger/einen Mordshunger haben

  Nach dem Training **habe** ich immer **einen Bärenhunger.**
- hungern, Hunger leiden, hungrig sein, ausgehungert/abgemagert/unterernährt sein, nichts zu essen haben, Not leiden

  Noch immer müssen viele Kinder auf der Welt **Hunger leiden.**

die Idee

- der Einfall, die Eingebung, der Geistesblitz, der Gedankenblitz, die Erleuchtung, der Gedanke, die Vorstellung, der Plan, die Schnapsidee

  Die Arbeit ging nicht so richtig weiter – bis Sergej den entscheidenden **Geistesblitz** hatte.

  Ich hatte keine **Vorstellung,** wie ich den Weg zurück nach Hause finden sollte.
- ein bisschen, ein wenig, ein Hauch, eine Spur, eine Kleinigkeit

  Du könntest schon **eine Spur** schneller arbeiten.

immer

- ständig, immerzu, stets, dauernd, andauernd, anhaltend, ewig, fortwährend, fortdauernd, fortgesetzt, fortlaufend, laufend, ununterbrochen, unaufhörlich, unausgesetzt, unablässig, jederzeit, pausenlos, endlos, ohne Ende, unentwegt, rund um die Uhr, ewig und drei Tage, regelmäßig, gleichmäßig

  Soll das denn **ewig** so weitergehen?

  Meine Schwester nörgelt **fortwährend** an mir herum.

  Die Polizeiwache ist **rund um die Uhr** besetzt.

A B C D E F G H I J K L M N O P Q R S T U V W X Y Z

informieren

- benachrichtigen, verständigen, melden, mitteilen, wissen lassen, erzählen, beschreiben, berichten, Bericht erstatten, Nachricht/Bescheid/Auskunft geben, in Kenntnis setzen

  Nach einem Unfall muss man sofort die Polizei **verständigen.**

  Die Schulleitung wurde über die Vorfälle auf dem Schulweg **in Kenntnis gesetzt.**

- sich informieren: sich erkundigen, sich umhören, aushorchen, befragen, nachfragen, anfragen, erfragen, herumfragen, sich schlaumachen, Fragen stellen, um Rat fragen

  Wer etwas nicht weiß, muss **sich schlaumachen.**

intelligent

- klug, schlau, aufgeweckt, wach, fähig, begabt, clever, einfallsreich, geistreich, scharfsinnig, gescheit, gewandt, pfiffig, blitzgescheit, mit Köpfchen, hell, helle

  Lisa-Marie – **schlau** und **gewandt** wie sie ist – bekommt immer, was sie will.

  Für den Aufbau unseres Bühnenbildes fanden wir eine **pfiffige** Lösung.

  Diese Aufgabe ist nicht leicht, da musst du **mit Köpfchen** vorgehen.

interessant

- fesselnd, packend, spannend, anregend, aufregend, mitreißend, aufschlussreich, unterhaltsam, reizvoll, faszinierend, sehenswert, erzählenswert, lohnend, lehrreich, informativ, bemerkenswert, beachtlich, bedeutsam, eindrucksvoll, wissenswert

  Die Forscherin machte eine **bedeutsame** Erfindung.

  Der Vortrag über die Monsterkrabben war sehr **eindrucksvoll.**

inzwischen

- solange, mittlerweile, unterdessen, indessen, währenddessen, während, zwischendurch, in der Zwischenzeit

  Früher gab es nur zwei Fernsehprogramme. **Mittlerweile** ist die Auswahl riesengroß.

  Ich machte Hausaufgaben, **währenddessen** spielte mein Bruder mit meiner Eisenbahn.

  Du deckst den Tisch. **In der Zwischenzeit** hole ich die Brötchen.

ja

- jawohl, gut, einverstanden, gewiss, ganz bestimmt, natürlich, selbstverständlich, klar, in Ordnung, okay, gebongt

  Gut, ich komme heute Nachmittag zu dir!

jammern

- klagen, sich beklagen, sich beschweren, meckern, murren, mäkeln, seufzen, stöhnen, betteln, flehen, anflehen, winseln, jaulen, quengeln, lamentieren, plärren, heulen, schluchzen, wimmern, zetern, sein Leid klagen, die Ohren volljammern, motzen

  Lamentieren hilft nicht! Sucht doch lieber endlich eine Lösung!
  Lenchens Schnuller war weg. Sie **plärrte,** bis sie erschöpft einschlief.
  Jammere mir nicht **die Ohren voll.** Du bekommst kein Handy!

jetzt

- gerade, in diesem Moment/Augenblick, nun, momentan, sofort, auf der Stelle, augenblicklich, soeben, heute, zurzeit, heutzutage, neuerdings

  Als Lilli den großen Hund sah, machte sie **auf der Stelle** kehrt.
  Heutzutage kauft man Fahrkarten am Automaten.

jubeln

- jauchzen, strahlen, glücklich/fröhlich sein, sich freuen, frohlocken, sich freuen wie ein Schneekönig, einen Luftsprung vor Freude machen, vor Freude tanzen, aus dem Häuschen sein/geraten

Nach den Prüfungen **geraten** die Schüler und Schülerinnen manchmal **völlig aus dem Häuschen.** Dann machen sie Luftsprünge vor Freude und sind völlig außer sich. Wahrscheinlich steckt hinter der Redewendung „aus dem Häuschen geraten“ die Vorstellung, dass der Verstand eines Menschen nicht mehr in seinem gewohnten Haus, dem Kopf, ist und sich deshalb nicht mehr auskennt.

a b c d e f g h i j k l m n o p q r s t u v w x y z

jung

jung

- klein, kindlich, jugendlich, halbwüchsig, heranwachsend, minderjährig, blutjung, unerfahren, unreif, noch nicht trocken hinter den Ohren
  Der kleine Junge war noch zu **unerfahren,** um die Geschwindigkeit der Autos richtig einzuschätzen.
- frisch, knackig, neu, blühend
  In dem neuen Kleid sieht meine Mutter **blühend** aus.
- unreif, unvergoren
  Traubenmost ist noch **unvergorener** Wein.

„Du bist **noch nicht trocken hinter den Ohren!“,** sagte Jonas zu seinem kleinen Bruder. Wenn Jonas das sagt, dann hält er seinen kleinen Bruder für zu jung, um von einer Sache etwas zu verstehen. Diese Redewendung geht darauf zurück, dass Babys gleich nach der Geburt noch feucht sind, auch hinter den Ohren.

der Junge

- das Kind, der Knabe, der Bub, der Kleine, der Schüler, der Jugendliche, der Heranwachsende, der Teenager, der Sohn, der Junior, der Bruder, der Enkel, der Freund, der Bursche, der Kerl, der Knirps, der Steppke, der Bengel, der Schlingel, der Wicht, der Dreikäsehoch, der Lausbub

der Käfig

- der Stall, das Tiergehege, der Vogelbauer, der Vogelkäfig, die Voliere, der Hundezwinger, der Meerschweinchenkäfig, der Kaninchenkäfig, der Hamsterkäfig
  In einer **Voliere** haben die Vögel viel Platz zum Fliegen.

kalt

- frisch, kühl, klamm, gekühlt, nasskalt, eiskalt, frostig, bitterkalt, vereist, eisig, winterlich, hundekalt, lausig kalt, saukalt

    Beim Schulfest sorgte unsere Klasse für **gekühlte** Getränke.
    Am Wochenende wurde das Wetter noch einmal ziemlich **winterlich.**

- unfreundlich, kurz angebunden, kühl, sachlich, abweisend, lieblos, gefühllos, schroff, herzlos, kaltblütig, kaltherzig, kaltschnäuzig, abgestumpft, abgebrüht

    Mein Vater gab meinem Onkel eine ziemlich **kühle** Antwort.
    Man muss schon sehr **abgebrüht** sein, um von den Schreckensbildern in den Nachrichten nicht berührt zu sein.

kämpfen

- aneinandergeraten, sich anlegen, sich balgen, sich prügeln, verprügeln, sich schlagen, bekämpfen, rangeln, einen Kampf austragen, sich kloppen

    Die Kinder **rangelten** im Sandkasten miteinander.

- boxen, catchen, fechten, fighten, ringen, wetteifern, konkurrieren, einen Wettkampf austragen

    Sechs Rudermannschaften **wetteifern** um die Goldmedaille.
    Auf unserem Sportfest **trugen** die Schüler **einen Wettkampf** gegen die Lehrer **aus.**

- Krieg führen, sich bekriegen, angreifen, Blut vergießen, einen Kampf führen/austragen/ausfechten

    Die beiden Staaten **bekriegen sich** seit vielen Jahren unversöhnlich.

- sich anstrengen, sich bemühen, sich einsetzen, sich Mühe geben, nichts unversucht lassen, sich dahinter klemmen, sich ins Zeug legen, sich wehren, sich verteidigen, Widerstand leisten, protestieren, auf die Straße gehen, sich abstrampeln

    Der Betriebsrat **ließ nichts unversucht,** die Arbeitsplätze zu erhalten.
    Die Bauern **leisteten** erfolgreich **Widerstand** gegen die Senkung der Milchpreise.

Wenn Katinka die Schulmeisterschaften gewinnen will, dann muss sie **sich** gehörig **ins Zeug legen.** In dieser Redewendung steht das „Zeug“ für das Geschirr von Zugpferden. Sie müssen sich, um einen schweren Wagen ziehen zu können, mit ihrem ganzen Gewicht in das Geschirr legen, also sehr anstrengen.

kaputt

- beschädigt, fehlerhaft, schadhaft, defekt, unbrauchbar, angeschlagen, angeknackst, abgegriffen, abgenutzt, verbogen, entzwei, zerkratzt, zerbrochen, zerborsten, zerfetzt, zerstört, zerschlissen, zertrümmert, löchrig, undicht, eingestürzt, ruiniert, verwüstet, hin, in Scherben

  Die Turnschuhe waren etwas billiger, weil sie kleine **schadhafte** Stellen haben.

  Jetzt ist die Waschmaschine endgültig **hin.**
- abgearbeitet, abgekämpft, müde, erledigt, erschöpft, mitgenommen, schlapp, groggy, gerädert, fertig

  Nach den Weihnachtseinkäufen waren wir alle völlig **gerädert.**

kaputtmachen

- beschädigen, eindrücken, einschlagen, einwerfen, entzweischlagen, zerbrechen, zerdrücken, zerkratzen, kleinschlagen, zerfetzen, demolieren

  Pauline **warf** mit ihrem Flummi aus Versehen die Kellerscheibe **ein.**

die Katastrophe

- das Unglück, das Unheil, das Drama, die Tragödie, das Elend, das Desaster, der Schicksalsschlag, das Verhängnis, das Verderben, der Zusammenbruch, der Untergang, das Erdbeben, das Seebeben, die Überschwemmung, die Feuersbrunst, die Hungersnot, der Flugzeugabsturz, der Schiffsuntergang, das Zugunglück

  Nachdem der Autofahrer falsch auf die Autobahn gefahren war, nahm das **Verhängnis** seinen Lauf.

kaufen

- einkaufen, aufkaufen, ankaufen, anschaffen, erstehen, ersteigern, erwerben, ergattern, beschaffen, besorgen, beziehen, abkaufen, zugreifen, sich zulegen, sich leisten, sich eindecken, sich versorgen, einen Einkaufsbummel machen, shoppen, zuschlagen

  Am Wühltisch **ergatterte** ich einen roten Pulli.

  Die Tageszeitung **beziehen** wir im Abonnement.

  Bei diesen günstigen Angeboten mussten wir **zugreifen.**

  Vor dem Urlaub **haben** wir **uns** mit Sonnencreme **eingedeckt.**

das Kind

- das Mädchen, der Junge, das Neugeborene, der Säugling, das Baby, das Wickelkind, das Kleinkind, das Schulkind, das Nesthäkchen, das Wunderkind, die Göre, der Knirps, das Balg, der Steppke, der Racker, der Feger, der Fratz
- der Nachkomme, der Nachwuchs, die Tochter, der Sohn, das Enkelkind, das Patenkind, das Stiefkind, das Adoptivkind, das Pflegekind, das Waisenkind

  Die **Nachkommen** des Fürsten machten aus der Burg eine Jugendherberge.

Ein **Nesthäkchen** ist das jüngste Kind in einer Familie und manchmal ein bisschen verwöhnt. Der Ausdruck kommt aus der Vogelwelt. Nestflüchter verlassen das Nest schnell, Nesthocker bleiben länger darin sitzen. Früher hat man diese jungen Vögel auch „Nesthöckelchen“ genannt. Daraus hat sich dann „Nesthäkchen“ entwickelt.

klagen

- jammern, stöhnen, weinen, wimmern, schluchzen, heulen, trauern, beklagen, schimpfen, unzufrieden sein, herummeckern, motzen, zetern

  Vor Heimweh **wimmerte** ich leise in mein Kopfkissen.
- sich beschweren, anklagen, gerichtlich vorgehen, Klage führen, prozessieren

  Da sich die Nachbarn nicht über die Höhe der Mauer einigen konnten, **prozessierten** sie vor Gericht.

heulen

A B C D E F G H I J K L M N O P Q R S T U V W X Y Z

die Arbeitskleidung

klar

- sauber, rein, hell, durchsichtig, ungetrübt, glasklar, kristallklar
  Nachts schauten wir in den **hellen** Sternenhimmel.
  An der Quelle ist das Wasser **ungetrübt.**
- gut zu hören/zu sehen, deutlich vernehmbar/erkennbar, nicht heiser
  Auch im Nebel waren die Umrisse des Schlosses **gut zu sehen.**
  Trotz des Lärms war das Pausenzeichen **deutlich vernehmbar.**
- einsichtig, vernünftig, logisch, nachvollziehbar, verständlich, unmissverständlich, eindeutig, deutlich, sonnenklar, klipp und klar, klar wie Kloßbrühe
  Klaras Gedanken zu dem Lesestück waren für uns alle leicht **nachvollziehbar.**
  „Ich habe dir doch **unmissverständlich** gesagt, dass du um 19 Uhr zu Hause sein sollst!", sagte meine Mutter wütend.
  Der französische Radrennfahrer hatte einen **deutlichen** Vorsprung vor seinen Verfolgern.

die Kleidung

- die Kleidungsstücke, die Kleider, die Bekleidung, die Sachen, die Garderobe, das Outfit, der Look, die Klamotten, die Arbeitskleidung, die Uniform, die Tracht, die Robe, die Kutte, der Aufzug, der Fummel
  Die Sonnenbrille gehört neuerdings zu einem perfekten **Outfit.**
  Richter tragen im Gerichtssaal eine **Robe.**
  In diesem **Aufzug** kannst du nicht zur Abschlussfeier gehen!

a b c d e f g h i j k l m n o p q r s t u v w x y z

klein

- winzig, putzig, zierlich, mickrig, zwergenhaft, klitzeklein, kurz geraten, niedrig, gering

  Supermärkte werben mit **niedrigen** Preisen.

  Wir achten in unserer Schule darauf, die Heiz- und Stromkosten **gering** zu halten.

- jung, noch nicht erwachsen, minderjährig, ein Kind

  Viele Fernsehsendungen sind für **minderjährige** Zuschauer nicht geeignet.

  Mein Bruder ist noch **ein Kind.**

- nicht nennenswert, nebensächlich, unerheblich, unwichtig, unbedeutend, belanglos, geringfügig

  Deine Probleme sind doch **nebensächlich** im Vergleich zu wirklichen Sorgen!

  Im Straßenverkehr kann ein **geringfügiger** Fehler schlimme Folgen haben.

klingen

- schallen, hallen, tönen, schwingen, dröhnen, erklingen, ertönen, erschallen

  Aus dem Musiksaal **tönten** Hip-Hop-Klänge.

- sich anhören, wirken, vorkommen wie

  Deine Geschichte **hört sich** wirklich traurig **an.**

  Die Geräusche im Treppenhaus **kamen** uns **vor wie** Pferdegetrappel.

das Klo

- die Toilette, das WC, das Klosett, der Abort, der Lokus, das Pissoir, 00, Null-Null, das stille Örtchen, wo auch der Kaiser zu Fuß hingeht

Paul fehlt! Er ist noch dort, **wo auch der Kaiser zu Fuß hingeht.** Für die Toilette gibt es viele verschiedene Wörter. Das liegt daran, dass die Menschen es schon immer ein bisschen peinlich fanden, über das Klo zu sprechen. Die Redewendung „wo auch der Kaiser zu Fuß hingeht“ geht davon aus, dass in früheren Zeiten Kaiser in Sänften getragen oder in Kutschen gefahren wurden, also fast nichts zu Fuß erledigten. Das Klo war wahrscheinlich auch damals schon ein Ort, wo ein Kaiser ganz alleine hinging.

klug

- schlau, begabt, intelligent, gebildet, gescheit, aufgeweckt, scharfsinnig, clever, lebensklug, weise, umsichtig, vernünftig, durchdacht, überlegt, sinnvoll, geschickt

  Der alte Richter hat ein **weises** Urteil gefällt.

  Es war sehr **umsichtig,** bei diesem Wetter nicht mit dem Fahrrad zu fahren.

  Bei der Lösung des Streites hast du dich sehr **geschickt** verhalten.

kochen

- Essen machen/zubereiten

  Donnerstags bereiten wir in der Schule zusammen das **Essen zu.**

- brodeln, dampfen, köcheln, aufwallen, dünsten, sieden, aufkochen, abkochen, verkochen, überkochen, garen, gar kochen/werden lassen

  Die Ravioli müssen noch zwei Minuten im heißen Wasser **sieden.**

- sich sehr ärgern, sehr wütend sein, stinksauer sein, innerlich kochen, vor Wut kochen

  Ich **kochte vor Wut,** als ich sah, dass unser Hund mein Lebkuchenhaus aufgefressen hatte.

komisch

- witzig, köstlich, heiter, originell, geistreich, spaßig, drollig

  Über die **drolligen** Sprünge der jungen Hunde mussten wir alle lachen.

- merkwürdig, seltsam, eigentümlich, eigenartig, anders, befremdlich, wunderlich, sonderbar, kurios, verdreht, verschroben, kauzig, schrullig

  Im Keller hörte ich **seltsame** Geräusche.

  Am Ende unserer Straße hat ein **kauziger** alter Trödler seinen Laden.

  Wenn Menschen viel alleine sind, werden sie manchmal **schrullig.**

kommen

- ankommen, eintreffen, herkommen, herbeikommen, herannahen, sich nähern, erreichen, gelangen, das Ziel erreichen

  Stellt schon mal den Kuchen auf den Tisch, wir **treffen** gleich **ein!**
  Von Weitem schon sahen wir unser Schiff **herannahen.**
  Auf welchem Weg **erreiche** ich am schnellsten den Bahnhof?

- besuchen, dazukommen, hinzukommen, teilnehmen, vorbeischauen, vorbeikommen, hereinschauen, hereinschneien, aufkreuzen, sich einfinden, sich blicken lassen, erscheinen, auf der Bildfläche erscheinen, auf einen Sprung vorbeikommen

  Komm doch mal **vorbei!**
  Weil alle das Brautpaar sehen wollten, **hatte sich** vor der Kirche eine große Menschenmenge **eingefunden.**

- sichtbar werden, sich zeigen, deutlich werden, eintreten, auftauchen, auftreten, herauskommen, hervorkommen, zutage treten/kommen, zum Vorschein kommen

  Schon im Januar **zeigen sich** die ersten Schneeglöckchen.
  Bevor der erste Frost **eintritt,** müssen empfindliche Pflanzen ins Warme.

- geraten, hineingeraten, hineinschlittern, verwickelt werden

  Auch auf dem Radweg kann man in gefährliche Situationen **geraten.**
  Nie möchte ich in eine solche Schlägerei **verwickelt werden!**

- aufgenommen werden, angenommen werden, zugelassen werden, untergebracht werden, eingeliefert werden

  Ich hoffe, dass ich bald in diese Mannschaft **aufgenommen werde.**
  Mit seinen schweren Verletzungen **wird** er ins Krankenhaus **eingeliefert.**

zutage kommen

können

können

- beherrschen, meistern, fähig/imstande sein, gerecht werden, gewachsen sein, leichtfallen, sich leichttun, zufliegen, in der Lage sein, den Dreh heraushaben, seine Sache verstehen, aus dem Ärmel schütteln, draufhaben

  Niklas **war** seiner Aufgabe als Klassensprecher **gewachsen.**
  In unserer Klasse gibt es einige, denen alles **zufliegt,** während andere sich sehr anstrengen müssen.

- dürfen, erlaubt/berechtigt/genehmigt sein, das Recht/ die Erlaubnis/die Genehmigung haben

  Kann ich mir eine Brezel kaufen?
  Dürfen wir hier Frisbee spielen?
  Mit dieser Jahreskarte **ist** die ganze Familie **berechtigt,** den Zoo zu besuchen.

- möglich sein, denkbar sein, im Bereich des Möglichen liegen, drin sein

  Es **ist möglich,** dass wir den Ausflug verschieben müssen.
  Es durchaus **drin,** dass wir das Fußballspiel gewinnen.

Karlo **schüttelt** einfach alles **aus dem Ärmel.** Wer das sagt, meint, dass Karlo alles sehr leicht fällt. Diese Redewendung geht zurück auf die Kleidung im Mittelalter. Damals hatten die Kleidungsstücke so weite Ärmel, dass man gut Münzen und kleine Gegenstände hineinstecken und – wenn man sie brauchte – herausschütteln konnte. Weite Ärmel machen sich auch heute noch Zauberer und Taschenspieler zunutze.

kontrollieren

- nachprüfen, nachrechnen, nachschauen, nachzählen, nachmessen, testen, überprüfen, überwachen, untersuchen, durchsuchen, inspizieren, filzen, durchschnüffeln, unter die Lupe nehmen, checken, durchchecken

  Wir **inspizierten** das Gelände, bevor wir unsere Zelte aufschlugen.
  An der Grenze **wurde** das verdächtige Auto gründlich **gefilzt.**
  Wir **nahmen** den neuen Freund meiner Schwester genau **unter die Lupe.**
  Ein Flugzeug **wird** vor jedem Start **durchgecheckt.**

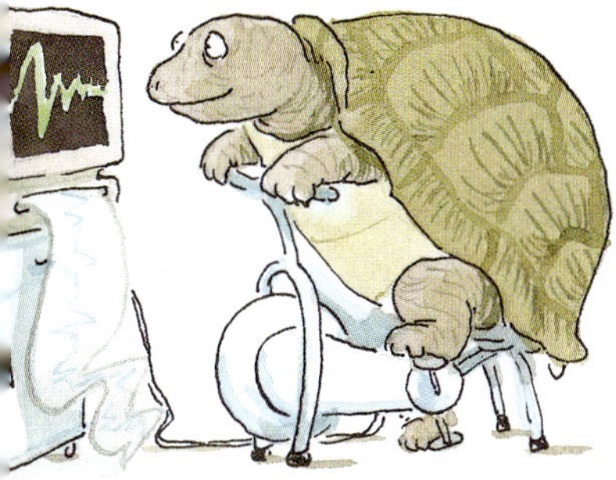

durchchecken

der Kopf

- das Haupt, der Schädel, die Birne, die Rübe, das Dach, der Dez, das Oberstübchen

  Bei der Schlägerei hat der Türsteher eins auf den **Dez** bekommen.
- der Anführer, die Chefin, der Leiter, das Oberhaupt, der Boss

  Endlich ist der **Anführer** der Bande geschnappt worden.

der Krach

- der Lärm, das Gepolter, das Getöse, das Geschrei, das Gebrüll, der Radau, der Krawall, der Spektakel, der Höllenlärm, der Heidenkrach, der Riesenkrach, der Mordskrach, der Knall

  Mit einem **Heidenkrach** fiel das Baugerüst um.
- der Streit, die Streitigkeit, die Streiterei, die Auseinandersetzung, der Zank, der Knatsch, der Knies, der Zoff

  Ich hatte einen Riesen**zoff** mit meiner Freundin.

Krach machen

- lärmen, laut sein, schreien, brüllen, krakeelen, krachen, poltern, rumsen, knallen, klirren, klappern, scheppern, dröhnen, donnern, rumpeln, Lärm/Radau/Geschrei machen

  Nach dem Fußballspiel **krakeelten** die Fans noch stundenlang.
  Beim Spielen im Hof **machten** wir so viel **Radau,** dass die Nachbarn sich beschwerten.

A B C D E F G H I J K L M N O P Q R S T U V W X Y Z

die Kraft

die Kraft

- die Stärke, die Energie, die Muskelkraft, die Körperkraft, die Tatkraft, die Lebenskraft, die Leistungsfähigkeit, die Power, die Wucht, die Schubkraft, die Stoßkraft

  Auf den letzten fünf Kilometern hatte der Marathonläufer keine **Energie** mehr.

  Es war schwer, mit anzusehen, wie die **Lebenskraft** meines Großvaters immer mehr schwand.

  Um eine Rakete in den Weltraum zu schicken, muss ein Raketentriebwerk eine sehr große **Schubkraft** erzeugen.

krank

- erkrankt, kränklich, elend, schwach, leidend, kraftlos, pflegebedürftig, arbeitsunfähig, angegriffen, angeschlagen, fiebrig, mitgenommen, geschwächt, bettlägerig, todkrank, sterbenskrank, hundeelend, hundsmiserabel, schwach auf den Beinen, wie ein Häufchen Elend

  Seit seiner Reise in die Tropen ist Kai etwas **angegriffen.**

  Als ich Scharlach hatte, fühlte ich mich **wie ein Häufchen Elend.**

kribbeln

- jucken, kitzeln, prickeln, kratzen

  Das Brausebonbon **prickelt** auf der Zunge.

pflegebedürftig

kriegen

- bekommen, erhalten, empfangen, gewinnen, erreichen, erringen, ergattern, erwischen, einheimsen, abbekommen, abkriegen

  Von der Geburtstagstorte **ergatterten** wir gerade noch das letzte Stück.

  Die Schauspielerin **heimste** viele Preise **ein.**

- fassen, ergreifen, schnappen, gefangen nehmen, festnehmen, beim Schlafittchen nehmen/packen

Der Schülerlotse **nahm** Kim **beim Schlafittchen,** als sie bei Rot über die Straße rennen wollte. Der Schülerlotse hielt Kim also fest und stellte sie zur Rede. Das Wort Schlafittchen geht zurück auf das Wort „Schlagfittich“, das die Schwungfeder eines Vogels bezeichnete. Bei Menschen sind es nicht die Flügel, an denen man sie gerade noch erwischen kann, sondern der Arm, der Ärmel oder der Kragen.

kurz

- nicht lang, gekürzt, nahe, dicht, klein

  Mein Schulweg ist **nicht lang.**

  Den **gekürzten Rock** meiner Schwester trägt jetzt meine Cousine.

  Dicht vor dem Stauende kamen wir zum Stehen.

  Jetzt müssen wir nur noch ein **kleines** Stück laufen.

- nicht lange, vorübergehend, rasch, schnell, knapp, von kurzer Dauer, für kurze Zeit

  Wir machten **nicht lange** Pause.

  Ich komme **schnell** mal vorbei.

  Erst **knapp** vor Abfahrt des Zuges erreichten wir den Bahnhof.

  Ich füttere die Katze unserer Nachbarin nur **für kurze Zeit.**

kuscheln

- sich schmiegen, sich anschmiegen, liebkosen, schmusen, streicheln, umarmen

  Die Häuser **schmiegen sich** an den Berghang.

  Manche Katzen lassen sich nicht gern **liebkosen.**

A B C D E F G H I J K L M N O P Q R S T U V W X Y Z

a b c d e f g h i j k L m n o p q r s t u v w x y z

lachen

- lächeln, schmunzeln, strahlen, grinsen, kichern, gackern, herausplatzen, loslachen, losprusten, schallend lachen, Tränen lachen, in Gelächter ausbrechen, sich kaputtlachen, sich schieflachen, sich krummlachen, sich kranklachen, sich totlachen, brüllen/wiehern vor Lachen, sich kugeln/sich kringeln/sich biegen/sich ausschütten vor Lachen

  Als unsere Lehrerin auf den Aprilscherz hereinfiel, **prustete** die ganze Klasse **los.**

  Beim Fußballspiel rutschte mir die Hose herunter und die ganze Mannschaft **schüttete sich aus vor Lachen.**

das Land

- der Staat, das Bundesland, das Nachbarland, das Inland, das Ausland, das Geburtsland, das Heimatland, die Region, das Gebiet

  Deutschland hat 16 **Bundesländer.**
- der Boden, der Acker, das Ackerland, das Feld, das Weideland, das Bauland, das Gelände, die Landschaft, der Landstrich, die dörfliche Gegend

  In Süddeutschland ist die **Landschaft** hügelig, im Norden flach.

  Meine Freundin kommt aus einer **dörflichen Gegend.**
- das Festland, der Kontinent

  Land in Sicht!

  Die nicht mit Wasser bedeckten, großen Teile der Erde nennt man **Festland.**

lang

- länglich, gedehnt, ausgedehnt, meterlang, kilometerlang, ellenlang, lang gestreckt, lang gezogen

  Mein Pullover ist vom Waschen **gedehnt,** er reicht mir jetzt bis zu den Knien.

- groß, hoch, hochgewachsen, hoch aufgeschossen, baumlang
  Der Turm auf unserem Hausberg ist 32 Meter **hoch.**
  Basketballspieler sind meist **baumlange** Kerle.
- lange, lang dauernd, anhaltend, langwierig, stundenlang, tagelang, wochenlang, jahrelang, eine ganze Weile, auf lange Zeit, lebenslang, ewig, eine Ewigkeit
  Nach einer **langwierigen** Grippe kam Ronja blass und dünn zurück in die Schule.
  Ich musste **eine Ewigkeit** auf den Bus warten.

Meine Freundin Anna schreibt immer **ellenlange** E-Mails. Die Elle gehörte früher zu den Körpermaßen. Mit ihnen hat man alles Mögliche abgemessen. Die Elle reichte von der Hand bis zum Ellenbogen. Obwohl diese Strecke ziemlich kurz ist, wird der Ausdruck „ellenlang“ heute für „übermäßig lang“ gebraucht.

langsam

- gemächlich, gemütlich, bedächtig, träge, behäbig, schleppend, stockend, zögernd, umständlich, lahm, schwerfällig, im Schritttempo, in Zeitlupe, im Schneckentempo
  Nahe der Mündung fließt der Fluss **träge** vor sich hin.
  Der dicke Mann setzte sich **behäbig** in seinen Sessel.
- allmählich, schrittweise, nach und nach, Schritt für Schritt, mit der Zeit
  Mit der Zeit werde ich mich an die neue Klasse gewöhnen.

langweilig

- uninteressant, eintönig, farblos, fantasielos, witzlos, lahm, stumpfsinnig, ermüdend, einschläfernd, zum Einschlafen, ohne Spannung/Abwechslung, stinklangweilig, kalter Kaffee, dieselbe Leier
  Diese Fernsehsendung ist wirklich **fantasielos** und **stumpfsinnig.**

„Immer **dieselbe Leier**! Das hast du schon x-mal erzählt.“ Die Kurbel- und Drehleier ist ein Musikinstrument, das auf eine bestimmte Melodie und Tonlage festgelegt ist. Ihre Musik ist deshalb wenig abwechslungsreich. Genauso langweilig und eintönig ist es, wenn jemand immer wieder das Gleiche erzählt.

a b c d e f g h i j k **l** m n o p q r s t u v w x y z

lassen

- veranlassen, befehlen, anordnen, beauftragen, sorgen für
  Die Polizei **ordnete an,** das Haus zu räumen.
  Unsere Lehrerin **sorgte dafür,** dass alle Kinder nach dem Kino abgeholt wurden.
- zulassen, erlauben, bewilligen, genehmigen, nicht hindern, dulden
  Meine Eltern **erlaubten** mir bei meinem Freund zu übernachten.
  Das Ordnungsamt **bewilligte** eine offene Feuerstelle fürs Schulfest.
  Ein Bauer **duldete** unsere Zelte auf seinem Feld.
- ablassen, aufhören, bleiben lassen, aufgeben, nicht tun
  Lass das!
  Hör endlich mit dem Schmatzen **auf!**
  Die Lehrerin bat die Kinder, so etwas Gefährliches in Zukunft **nicht** mehr zu **tun.**
- überlassen, hinterlassen, aushändigen, geben, zur Verfügung stellen
  Die Freunde meiner Eltern **überließen** uns für die Ferien ihr Wohnmobil.

laufen

- eilen, rennen, hasten, stürmen, rasen, sausen, stürzen, jagen, sprinten, fliegen, flitzen, fegen, preschen, düsen, wetzen
  Auf der Zielgeraden **preschte** der Läufer nach vorne.
  Kaum war meine Schwester zu Hause, **düste** sie schon wieder los.
- sich fortbewegen, gehen, zu Fuß gehen
  Wir fahren nicht mit den Rädern zur Schule, sondern **gehen zu Fuß.**
- fließen, herausfließen, strömen, rinnen, plätschern, rieseln
  Das Wasser **fließt** aus der Leitung.
  Ein Schauder **rieselte** mir über den Rücken.
- angeschaltet/angestellt/eingeschaltet sein, arbeiten, funktionieren, gehen, in Betrieb sein, in Gang sein
  Der Kühlschrank **funktioniert** wieder.
  Die Party **ist** schon **in** vollem **Gang.**
- vor sich gehen, vonstattengehen, verlaufen, sich abspielen
  Was **geht** denn hier **vor sich?**
  Die Prüfungen sind glänzend **verlaufen.**
  Ohne dich **spielt** sich hier nichts **ab.**
- gelten, Gütigkeit haben, gültig sein
  Wie lange **ist** der Ausweis noch **gültig?**

ohrenbetäubend

laut

- hörbar, unüberhörbar, dröhnend, polternd, schallend, lautstark, lauthals, schrill, schreiend, lärmend, geräuschvoll, ohrenbetäubend, markerschütternd, mit voller Lautstärke

  Mein Vater lachte **schallend,** als er meine Verkleidung sah.
  Freddi putzte sich **geräuschvoll** die Nase.
  Von irgendwoher ertönte ein **markerschütternder** Schrei.

leeren

- entleeren, ausleeren, auspacken, ausräumen, ausschütten, ausgießen, austrinken, ausladen, auskippen, entladen, abladen, löschen

Am Hafen **werden** die Schiffsladungen **gelöscht.** Diesen Ausdruck benutzen Seeleute, wenn sie ein Schiff entladen. Er kommt aus der niederdeutschen Sprache und hieß ursprünglich „lossen", was so viel bedeutete wie „die Fracht losmachen" und „das Schiff leer machen".

legen

- absetzen, ablegen, hinlegen, hinstellen, unterbringen, deponieren

  Vor der Stadtführung **deponierten** wir unser Gepäck im Schließfach.
- sich legen: ruhen, sich hinlegen, ins Bett gehen, schlafen gehen, sich schlafen legen, sich hinhauen, sich aufs Ohr legen/hauen

  Nach dem Mittagessen **legt sich** mein Opa gerne ein bisschen **aufs Ohr.**
- sich legen: aufhören, nachlassen, abflauen, abklingen, abnehmen, sich verringern, sich abschwächen, schwächer werden, weniger werden, an Kraft verlieren

  Der Wind **flaute ab** und der Regen **ließ nach.**
  Allmählich **klang** der Ärger meines Vaters über den Stau **ab.**

lehren

lehren

- unterrichten, Unterricht geben, beim Lernen helfen, beibringen, schulen, ausbilden, nahebringen, eintrichtern, einhämmern

  Ihr neuer Freund hat meiner Schwester die klassische Musik **nahegebracht.**

Mühsam **trichterte** Oma meiner Kusine die englischen Vokabeln **ein.** Dafür verwendet Oma natürlich keinen Trichter. Der umgangssprachliche Ausdruck „eintrichtern" geht von der Vorstellung aus, man könnte einem Menschen das Wissen wie eine Flüssigkeit mit einem Trichter in den Kopf gießen.

leicht

- nicht schwer, schwerelos, federleicht, hauchzart, zart, kaum spürbar, leise, mild, minimal, sacht

  Der Schleier ist aus einem **hauchzarten** Stoff.

  Bei uns war das Erdbeben **kaum spürbar.**

  Meine Lehrerin klopfte mir **sacht** auf die Schulter und machte mich auf einen Fehler aufmerksam.
- einfach, mühelos, nicht schwierig, bequem, unkompliziert, spielend, ohne Schwierigkeiten, leicht zu verstehen, kinderleicht, mit links, locker, kein Kunststück, babyleicht

  Die Aufgabe war nicht groß, wir konnten sie **spielend** lösen.

  Das mache ich doch **mit links!**
- bekömmlich, leicht verdaulich, gut verträglich, fettarm, mild

  Mein Onkel muss Diät halten. Er darf nur **leicht verdauliche** Kost essen.

leise

- ruhig, still, gedämpft, lautlos, tonlos, geräuschlos, unhörbar, mucksmäuschenstill, flüsternd, schwach, mit gedämpfter Stimme, auf Samtpfoten, auf leisen Sohlen, unbemerkt, unmerklich

  Das Klopfen an der Tür war nur **schwach** zu hören.

  In der Bücherei sollte man **mit gedämpfter Stimme** sprechen.

  Auf leisen Sohlen schlich meine Schwester nach Mitternacht aus ihrem Zimmer.

lernen

- erlernen, sich erarbeiten, sich aneignen, sich angewöhnen, studieren, sich bilden, sich fortbilden, sich schlaumachen

  Im Ausland **eignet** man sich eine fremde Sprache schnell **an.**
- sich merken, sich einprägen, einstudieren, üben, auswendig lernen, büffeln, pauken, bimsen, sich auf den Hosenboden setzen

  Ich muss **mir** die Zeichnung vor dem Test noch **einprägen.**

  Meine Schwester **büffelte** mit mir das kleine Einmaleins.

lesen

- entziffern, ablesen, mitlesen, durchlesen, durchsehen, durchblättern, hineinschauen, überfliegen, stöbern, schmökern, verschlingen, vorlesen, vortragen

  Unser Sportlehrer **sah** vor dem Wettkampf die Teilnehmerlisten **durch.**

  Ich **überflog** den Text, bevor ich anfing ihn genau zu lesen.

  Der Heimatforscher in unserer Stadt liebt es, in Archiven zu **stöbern.**

  Meine Schwester **verschlingt** jeden Krimi.

leuchten

- glühen, scheinen, brennen, strahlen, erstrahlen, aufflammen, flackern, blitzen, funkeln, glänzen, glitzern, schimmern, schillern, erstrahlen

  Die Lampe **brannte** die ganze Nacht.

  Am Nachthimmel **glitzern** die Sterne.

schmökern

das Licht

das Licht

- die Helligkeit, der Lichtschein, der Schein, der Schimmer, das Tageslicht, das Abendlicht, das Sonnenlicht, das Mondlicht, das Zwielicht, das Kerzenlicht, das Flutlicht, das Neonlicht, das Lichtermeer

  Im **Zwielicht** des Morgens kann man besonders gut Tiere beobachten.
  Abends finden Fußballspiele unter **Flutlicht** statt.
  Vom Hügel aus konnten wir auf das **Lichtermeer** der Stadt schauen.

- die Lichtquelle, die Lampe, die Leuchte, die Beleuchtung, die Neonleuchte, die Kerze, das Teelicht, die Funzel

  Bei unserem Theaterstück war ich für die **Beleuchtung** zuständig.
  In unserem Keller brennt nur eine trübe **Funzel,** man sieht fast gar nichts.

lieben

- mögen, gernhaben, liebhaben, aneinander hängen, sich hingezogen fühlen, ins Herz schließen, verliebt sein, sich verlieben, sich verknallen, anhimmeln, begehren, anbeten, auf Händen tragen, zu Füßen liegen

  Meine Großeltern sind schon viele Jahre verheiratet. Sie **hängen** sehr **aneinander.**

- eine Schwäche/Vorliebe haben, etwas übrighaben für, mögen, schwärmen, toll finden, verrückt sein auf/nach, Feuer und Flamme sein, stehen auf

  Unser Hund ist ganz **verrückt nach** Leberwurstbroten.
  Uli **steht auf** Currywurst.

das Loch

- die Öffnung, das Leck, die Lücke, der Riss, die offene Stelle, das Guckloch

  Durch das **Leck** drang Wasser in das Boot.
  Rückt bitte auf und schließt die **Lücke** im Sitzkreis!
  Die neue Hose hat schon einen **Riss.**

- die Vertiefung, die Kerbe, die Mulde, die Kuhle, die Delle, der Krater, das Bohrloch

  Mit dem Messer schnitt der Bildhauer tiefe **Kerben** in das Holz.

lügen

- schwindeln, belügen, anlügen, erfinden, flunkern, weismachen, vortäuschen, heucheln, beschönigen, verdrehen, verfälschen, übertreiben, hochstapeln, die Unwahrheit sagen, verkohlen, aus der Luft greifen, lügen wie gedruckt

  Sagst du mir die Wahrheit oder hast du **geflunkert?**
  Mareike hat Kopfschmerzen **vorgetäuscht,** um nicht mitturnen zu müssen.
  Die Anschuldigungen der gegnerischen Mannschaft waren völlig **aus der Luft gegriffen.**

Der **lügt wie gedruckt!** Diese Redewendung sagt, dass jemand hemmungslos und sehr geschickt lügt. Die Äußerung geht davon aus, dass Gedrucktes nicht immer wahr sein muss. Denn auf Papier lässt sich gut lügen und weil es gedruckt dasteht, glauben es dann viele Leute.

lustig

- fröhlich, heiter, vergnügt, spaßig, komisch, witzig, unterhaltsam, ausgelassen, albern, drollig, quietschvergnügt, lebenslustig, zum Schießen

  Auf dem Faschingsfest herrschte eine **ausgelassene** Stimmung.

das Loch

machen

- tun, sich beschäftigen, sich betätigen, unternehmen, ausführen, arbeiten, verrichten, durchführen, anstellen, erledigen

  Am Wochenende **unternehmen** wir etwas zusammen.
  Was hast du denn wieder **angestellt?**
  Willst du nicht deine Hausaufgaben **erledigen,** bevor du mit deinen Freunden telefonierst?

- anfertigen, herstellen, bauen, herrichten, erstellen, erzeugen, produzieren, zubereiten, erschaffen

  Für eine Spendenaktion **stellten** wir Weihnachtskarten **her.**
  Wir **erstellten** eine lange Liste für den Einkauf.
  Diese Firma **produziert** besonders bequeme Schuhe.
  Mein Vater **bereitete** am Sonntag ein gutes Essen **zu.**

- verursachen, bewirken, hervorrufen, nach sich ziehen, zur Folge haben

  Macht nichts!
  Das Hochwasser **verursachte** große Schäden.
  Die Rauferei im Schulhof **wird** für alle Beteiligten Probleme **nach sich ziehen.**

das Mädchen

- das Kind, die Kleine, die Schülerin, die Jugendliche, die Heranwachsende, der Teenager, der Teenie, die Tochter, die Schwester, die Enkelin, die Freundin, das Girl, der Fratz, die Göre

  Die freche **Göre** von nebenan hat wieder unsere Katze gejagt.

manchmal

- ab und zu, hin und wieder, zeitweise, vereinzelt, unregelmäßig, dann und wann, von Zeit zu Zeit, gelegentlich, so gut wie nie, kaum, selten

  Das Edelweiß ist eine seltene Pflanze. Man findet es nur **vereinzelt.**
  Alexander kommt **so gut wie nie** zum Training.

a b c d e f g h i j k l m n o p q r s t u v w x y z

der Mann

- der Herr, der Ehemann, der Gatte, der Exmann, der Vater, der Papa, der Bruder, der Großvater, der Sohn, der Enkel, der Partner, der Lebensgefährte, der Freund, der Geliebte, der Junggeselle, der Geschäftsmann, der Hausmann, der Greis, der Rentner, der Senior, der Bursche, der Typ, der Kerl, der Gentleman, der Traummann

  Ein **Gentleman** hilft einer Dame in den Mantel.

die Mannschaft

- das Aufgebot, die Auswahl, die Riege, die Staffel, die Nationalmannschaft, die Olympiamannschaft, die Schülermannschaft, die Jugendmannschaft, die Damenmannschaft, die Herrenmannschaft, die Fußballmannschaft, die Elf, die Basketballmannschaft, die Hockeymannschaft, die Rugbymannschaft

  Nach seiner langen Krankheit gehört der Spieler jetzt wieder zum **Aufgebot.**

  Unsere **Riege** turnte zuerst am Barren.

- die Gruppe, das Team, die Crew, die Truppe, die Besatzung, die Arbeitsgruppe, die Belegschaft

  Die **Crew** der Raumfähre bereitete sich auf den Start vor.

  Die gesamte **Besatzung** des Schiffes konnte gerettet werden.

  Die **Belegschaft** traf sich zur Betriebsversammlung in der Kantine.

das Meer

- der Ozean, die See, das Weltmeer, der Atlantik, der Pazifik, der Indische Ozean, das Eismeer, das Mittelmeer, die Nordsee, die Ostsee, der große Teich

  Auf hoher **See** werden manche Menschen seekrank.

mega-/Mega-

- heftig, mächtig, enorm, beachtlich, überaus, ganz besonders, unbeschreiblich, ungeheuer, gewaltig, schrecklich, tierisch, total, stark, wahnsinnig, super-, ultra-, hyper-

  Die Nachtwanderung war **ungeheuer** aufregend.

  Tom ist **ultra**eifersüchtig, weil er **wahnsinnig** verliebt ist.

- Mega-: Riesen-, Super-, Mammut-, Monster-

  Tokio ist eine **Riesen**stadt.

meinen

meinen

- denken, glauben, finden, vermuten, annehmen, rechnen mit, sich einbilden, der Ansicht/der Meinung sein, für möglich halten, sagen wollen, schätzen, tippen

  Ich **bin der Meinung,** dass der Unterricht viel zu früh anfängt.

  Meine Mutter **hält** es **für möglich,** dass wir heute noch die neuen Möbel bekommen.

- sagen, bemerken, bekunden, äußern, hinzufügen

  „Ihr seid ja verrückt!", **bemerkte** meine Mutter.

merken

- bemerken, feststellen, entdecken, sehen, wahrnehmen, spüren, durchschauen, erkennen, mitbekommen, mitkriegen, ahnen, sich bewusst werden, spitzbekommen, spitzkriegen

  Plötzlich **wurde mir bewusst,** dass über mir eine dicke Spinne baumelte.

  Ich habe längst **spitzbekommen,** dass mir meine Eltern zum Geburtstag ein Fahrrad schenken.

- sich merken: behalten, nicht vergessen, im Gedächtnis behalten, sich hinter die Ohren schreiben

  Kannst du diese Termine **behalten** oder soll ich sie dir aufschreiben?

Hier wird nicht Fußball gespielt, **schreibt euch das hinter die Ohren!**
Diesen Satz hört man schon einmal, wenn man sich eine Ermahnung gut merken soll. Die Redewendung geht auf einen alten, ziemlich harten Rechtsbrauch zurück: Wenn man früher die Grenzen einer Gemeinde festlegte, wurde ein Junge als Zeuge mitgenommen. Bei jedem wichtigen Grenzstein wurde er geohrfeigt. Auf diese Weise sollte er sich die Grenzen für immer merken.

mischen

- anrühren, rühren, durchmischen, mixen, vermengen, vermischen, verquirlen, verrühren, zusammenschütten, zusammenwürfeln, durcheinanderbringen, durcheinanderwerfen

  Für eine Salatsoße muss man Essig und Öl **verquirlen.**

  Mein Outfit **habe** ich heute so bunt **zusammengewürfelt,** dass meine Mutter mit den Augen rollte.

dabei sein

mitbringen

- besorgen, beschaffen, auftreiben, herbeischaffen, verschaffen, versorgen, überreichen, überlassen, geben, schenken, beglücken, anschleppen

  Als unsere Nachbarin krank war, **versorgten** wir sie täglich mit Essen.

  Unsere Tante **beglückt** uns immer wieder mit Büchern, die uns nicht gefallen.

  Meine Schwester **schleppt** dauernd verletzte Tiere bei uns **an.**

mitmachen

- teilnehmen, sich beteiligen, dabei sein, sich einschalten, mitarbeiten, mithelfen, mitwirken, mitziehen, unterstützen, einsteigen, sich anschließen, mitmischen, sich einklinken

  Erst ganz zum Schluss **schaltete sich** unsere Lehrerin in die Diskussion **ein.**

  Anna ist sehr neugierig, sie will überall **mitmischen.**

- erleiden, erdulden, ertragen, durchleben, durchstehen, durchmachen, aushalten

  Annas Oma hatte ein schweres Leben, sie **hat** viel **mitgemacht.**

  In Kriegszeiten müssen Menschen viel **durchstehen.**

müde

- schläfrig, verschlafen, schlaftrunken, übernächtigt, übermüdet, bettreif, hundemüde, todmüde, zum Umfallen müde

  Morgens komme ich oft **schlaftrunken** zum Frühstück.

- erschöpft, ruhebedürftig, urlaubsreif, mitgenommen, abgekämpft, abgespannt, abgearbeitet, überanstrengt, gestresst, geschafft, erschossen, kaputt, schlapp, ausgepowert

  Pawels Eltern wirkten etwas **mitgenommen** von der langen Reise.

- müde sein: schläfrig sein, vor Müdigkeit umfallen, sich kaum noch auf den Beinen halten können, einen toten Punkt haben, die Augen fallen zu

  Ich muss ins Bett, mir **fallen die Augen zu.**

„Nur ein Stückchen Schokolade könnte mir jetzt über **den toten Punkt** hinweghelfen", sagte Mama, als sie spätabends noch an ihrem Computer saß. Das heißt, die Mutter war so müde, dass sie nicht mehr denken und arbeiten konnte. Der Ausdruck kommt aus der Technik. Bei Antriebsmaschinen gibt es einen winzigen Moment des Stillstands. Dieser tote Punkt muss überwunden werden, bevor die Bewegung wieder einsetzt – bei der Maschine und bei Mama.

der Müll

- der Abfall, der Unrat, das Gerümpel, der Ramsch, der Schrott, der Sondermüll, der Hausmüll

  Wir trennen das Altpapier vom **Hausmüll.**

mutig

- furchtlos, entschlossen, tapfer, heldenhaft, kühn, tollkühn, unerschrocken, unverzagt, beherzt, verwegen, wagemutig, draufgängerisch, todesmutig, waghalsig

  Unerschrocken sprang ein vorübergehender Fußgänger ins Wasser und rettete das Kind.

nah/nahe

- neben, nebenan, daneben, nicht weit, dicht, leicht erreichbar, in Hörweite, in der Nähe, um die Ecke, vor der Nase, nur ein Katzensprung
  - **Dicht** bei der Kirche steht ein Brunnen.
  - Wir schlugen **in Hörweite** meiner Eltern unser Zelt auf.
  - Meine Freundin wohnt **nur einen Katzensprung** von mir entfernt.
- bald, demnächst, unmittelbar bevorstehend, im Anzug, nicht mehr fern, in nächster Zeit
  - Für die **unmittelbar bevorstehende** Prüfung hat meine Schwester immer noch nicht gelernt.
  - Ein Gewitter ist **im Anzug.**
- vertraut, eng, innig, verbunden, nahestehend
  - Nur meine **nahen** Verwandten und meine **engsten** Freunde waren zu dem Fest eingeladen.

nämlich

- denn, weil, wie man weiß, und zwar, das heißt, genauer gesagt, zum Beispiel, streng genommen, mit anderen Worten
  - **Weil** ich ein Langschläfer bin, komme ich oft zu spät.
  - Auf meinem Geburtstag gab es drei verschiedene Kuchen, **genauer gesagt:** Apfel-, Käse- und Erdbeerkuchen.

die Nase

- das Geruchsorgan, das Riechorgan, die Knollennase, die Hakennase, die Adlernase, die Stupsnase, die Himmelfahrtsnase, der Zinken, der Rüssel, die Gurke
- die Ahnung, das Gespür, der Instinkt, der Spürsinn, der Riecher, die Supernase
  - Ich hatte den richtigen **Riecher,** als ich mich auf einen Deutschtest vorbereitete.

A B C D E F G H I J K L M N O P Q R S T U V W X Y Z

nass

- durchnässt, durchtränkt, durchweicht, klamm, feucht, triefend, vollgesogen, pudelnass, klatschnass, patschnass, tropfnass, zum Auswringen, nass bis auf die Haut

  Der Gartenboden war **vollgesogen** wie ein Schwamm.

- niederschlagsreich, regenreich, verregnet, regnerisch

  Es war ein **verregneter** Sommer.

nehmen

- greifen, zugreifen, ergreifen, erfassen, fassen, packen, festhalten, schnappen

  Nora **schnappte** ihren Anorak und ging.

- benutzen, nutzen, verwenden, gebrauchen, in Anspruch nehmen

  Zum Braten **verwenden** wir Öl.

  Weil kein Bus mehr fuhr, **nahmen** wir den Fahrdienst des Hotels **in Anspruch.**

- mitnehmen, wegnehmen, entwenden, einstecken, stehlen, rauben, kassieren, grabschen

  Die Diebe **steckten** alles **ein,** was sie finden konnten.

  Mein kleiner Bruder **grabscht** sich immer das größte Stück Wurst.

nein

- aber nein, überhaupt nicht, ausgeschlossen, keineswegs, unmöglich, nie, niemals, auf keinen Fall, bestimmt nicht, kommt nicht infrage, kommt nicht in die Tüte, denkste

„Dass du bei diesem Wetter ins Freibad gehst, **kommt** gar **nicht in die Tüte!“,** sagte mein Vater. Diese lockere Äußerung darf man nicht wörtlich nehmen, weil sie mit einer richtigen Tüte nichts zu tun hat. Es ist nur ein Ausdruck von sehr starker Ablehnung.

nett

- freundlich, lieb, liebenswert, liebenswürdig, angenehm, höflich, aufmerksam, sympathisch, hübsch, reizend, goldig, zum Anbeißen
  Wir haben **angenehme** Nachbarn.
  Oma hat ein **goldiges** Kleidchen für Leas Puppe genäht.
- behaglich, gemütlich, wohlig, heimelig
  Meine Großeltern wohnen in einer sehr **gemütlichen** Wohnung.

neu

- ungebraucht, unbenutzt, nagelneu, brandneu, fabrikneu, funkelnagelneu, frisch, noch nicht getragen
  Im Badezimmer liegen **unbenutzte** Handtücher.
  Dieses Automodell ist **brandneu.**
  Der Supermarkt hat heute eine **frische** Ladung Tiefkühlpommes erhalten.
- modern, neuartig, unbekannt, ungewohnt, unerforscht, ungewöhnlich, noch nie dagewesen
  Unser Klassenschönling trägt immer die **modernsten** Klamotten.
  Wissenschaftler entwickeln ständig **neuartige** Medikamente.
  Ich musste mich erst in der **ungewohnten** Umgebung einleben.

niemand

- keine/keiner, kein Mensch, keine Einzige/kein Einziger, keine Menschenseele, kein Schwein
  Jetzt guckt wieder **kein Schwein!**

noch mal

- noch einmal, nochmals, wieder, abermals, erneut, aufs Neue, zum wiederholten Male
  Zum wiederholten Mal versuchte der Abfahrtsläufer seinen eigenen Rekord zu brechen.

normal

- alltäglich, gebräuchlich, gewöhnlich, üblich, gängig, weit verbreitet, an der Tagesordnung, stinknormal
  Papyrus war in der Antike ein **gebräuchliches** Schreibmaterial.

nun

- jetzt, eben, soeben, gerade, augenblicklich, in diesem Augenblick, in diesem Moment, in dieser Sekunde
  - **Jetzt** kommen wir an die Reihe.
  - Du hörst **augenblicklich** auf mit dem Geschrei!
- in dieser Situation, unter diesen Umständen
  - **Unter diesen Umständen** kann ich dir auch nicht mehr helfen.
- inzwischen, mittlerweile, unterdessen, währenddessen, in der Zwischenzeit
  - **In der Zwischenzeit** hat sich das Wetter gebessert.
- heute, heutzutage, jetzt, in unsrer Zeit
  - Früher musste man viel von Hand machen. **Heutzutage** gibt es dafür Maschinen.

nur

- bloß, nichts weiter als, kein anderer als, nicht mehr als, ausschließlich, höchstens
  - Manchmal will meine Mutter **nichts weiter als** ihre Ruhe.
  - Zu der Party waren **ausschließlich** Kinder eingeladen.
- aber, jedoch, allerdings, doch
  - Ich hätte gerne ein Handy, mir fehlt **aber** das Geld dazu.
  - Ich freue mich auf die Wanderung, **allerdings** wäre ich lieber mit dem Fahrrad gefahren.

oben

- auf etwas, obendrauf, über etwas, am oberen Ende, an der Spitze, an erster Stelle, auf dem Gipfel, in der Höhe, hoch in der Luft, an der Oberseite
  - Großvater sitzt gerne **am oberen Ende** des Tisches.
  - Mein Lieblingssong steht **an der Spitze** der Charts.
  - Aus dem Blasloch **an der Oberseite** des Kopfes bläst der Wal eine gewaltige Fontäne.

obwohl

- trotzdem, auch wenn, selbst wenn

  Obwohl die Kletterpartie nicht schwierig ist, müssen wir ein bisschen aufpassen.

  Der Weg ist nicht weit. **Trotzdem** müssen wir uns ein wenig beeilen.

  Selbst wenn es regnet, können wir einen Spaziergang machen.

offen

- auf, geöffnet, unverschlossen, zugänglich, begehbar, freigegeben, befahrbar, unbedeckt, klaffend

  Der Tunnel ist wieder für den Verkehr **freigegeben.**

  Sofie hatte eine **klaffende** Wunde am Knie.

- freimütig, freiheraus, direkt, ohne Umschweife, aufrichtig, ehrlich, klipp und klar

  Nach unserem Streit hatten wir ein **ehrliches** Gespräch miteinander.

  Meine Oma hat mir **klipp und klar** gesagt, was sie von meinem neuen Outfit hält.

- unsicher, fraglich, ungelöst, ungeklärt, ungewiss, unentschieden

  Es ist noch völlig **ungeklärt,** wer in unserem Theaterstück die Hauptrolle übernehmen wird.

- frei, unbesetzt

  Es gibt zurzeit wenig **freie** Lehrstellen.

oft

- häufig, öfter, ständig, andauernd, dauernd, wiederholt, mehrfach, mehrmals, oftmals, viele Male, immer wieder, alle naselang, x-mal, auf Schritt und Tritt

  Ich habe meinem Bruder schon **x-mal** gesagt, dass er meine Fische nicht füttern soll.

  Am Flughafen wurden wir **auf Schritt und Tritt** kontrolliert.

Alle naselang kommt unsere Nachbarin und leiht sich irgendetwas bei uns aus. Das heißt, dass die Nachbarin dauernd auftaucht, um sich etwas zu leihen. Eine Nase ist ziemlich kurz. Und kurz ist hier auch der zeitliche Abstand, in dem die Nachbarin kommt.

die Ohren

die Ohren

- der Gehörsinn, das Hörorgan, das Gehör, die Lauscher, die Horcher, die Löffel, die Hängeohren, die Segelohren, die Stehohren, die Knickohren, die Schlappohren, die Horchlappen

  Das Reh bewegt seine **Lauscher** aufgeregt hin und her.

  Der Hase stellt seine **Löffel** auf und flitzt davon.

okay (o.k.)

- abgemacht, ausgemacht, einverstanden, in Ordnung, gut, beschlossen, gebongt, geritzt

  Einverstanden, ich komme mit!

- gut, richtig, bestens, vorzüglich, prima, super, toll, in Ordnung, alles paletti

  Bei uns hier läuft alles **bestens,** es ist alles **paletti.**

ordentlich

- aufgeräumt, geordnet, sauber, übersichtlich, klar, tadellos, akkurat, vorschriftsmäßig, ordnungsgemäß, am rechten Platz

  Meine Freundin hat eine **saubere** Schrift.

  Heute hat meine Mutter ihr Auto mal ganz **vorschriftsmäßig** geparkt.

- ordnungsliebend, gewissenhaft, solide, pingelig, sorgfältig, adrett, gepflegt, wie aus dem Ei gepellt

  Sei doch nicht so **pingelig** mit deinem neuen Fahrrad!

- viel, gründlich, ziemlich, kräftig, tüchtig, herzhaft, gehörig, nicht zu knapp, nach Herzenslust

  Da hast du dich aber **gründlich** getäuscht!

  Ihr habt mir mit eurem Streich einen **gehörigen** Schrecken eingejagt.

  Als es so warm war, haben wir uns **nach Herzenslust** mit dem Gartenschlauch nass gespritzt.

Am Geburtstag meiner Oma sahen wir Enkel alle aus wie **aus dem Ei gepellt.** Das heißt, dass die Enkel zu Ehren der Oma sehr sorgfältig gekleidet waren. Sie sahen so glatt und perfekt aus wie ein hart gekochtes Ei, wenn es frisch gepellt ist.

ordnen

- aufräumen, wegräumen, beiseiteräumen, zusammenräumen, zurechtrücken, ausmisten, an seinen Platz räumen, Ordnung schaffen

  Der Redner **rückte** seine Krawatte **zurecht,** bevor er ans Rednerpult trat.

  Ich muss mal wieder meine Schubladen **ausmisten.**
- gliedern, sortieren, einordnen, zuordnen, aufreihen, unterteilen, nummerieren

  Ich **reihe** die Perlen nach der Farbe **auf.**

  Wir müssen den Text in einzelne Abschnitte **unterteilen.**

der Ort

- der Platz, der Raum, die Räumlichkeit, der Punkt, die Stelle

  Wir suchen **Räumlichkeiten** für unseren Vorlesewettbewerb.

  Nach dem Museumsbesuch treffen wir uns an dieser **Stelle** wieder.
- die Ortschaft, das Dorf, die Gemeinde, die Stadt, die Siedlung, der Flecken, der Geburtsort, der Heimatort, der Wohnort, der Ferienort

  Unser Ferienort ist ein **Flecken** von nicht einmal 200 Einwohnern.

P

ein paar

- einige, mehrere, manche, eine Anzahl, eine Reihe

  Mehrere Kinder hatten für den Ausflug keine Regenkleidung mitgenommen.

  Meine Lieblingsmannschaft musste in dieser Saison schon **eine Reihe** von Niederlagen einstecken.
- einzelne, nicht viele, nur wenige, nur einige, eine Hand voll

  Zu der Lesung in unserer Bibliothek waren **nur wenige** Leute erschienen.

  Ich stibitzte **eine Hand voll** Kirschen und verschwand.

die Party

perfekt

die Party

- die Feier, das Fest, die Fete, die Veranstaltung, der Ball, der Kindergeburtstag, das Geburtstagsfest, das Gartenfest, das Straßenfest, die Grillparty, die Abschlussparty, die Faschingsparty

passieren

- sich ereignen, geschehen, sich abspielen, sich zutragen, eintreten, stattfinden, vorfallen, vorkommen, los sein
  Ich gehe jetzt nach Hause, weil sich hier nichts mehr **abspielt.**
  Auf der Polizeiwache war es heute Nacht ruhig. Es **ist** nichts **vorgefallen.**
- erleben, erleiden, zustoßen, begegnen
  Pass auf, dass dir nichts **zustößt.**
- durchfahren, durchgehen, durchqueren, vorbeifahren, vorbeigehen
  Wir **durchfuhren** die Mautstelle langsam.
  Mit dem Schiff **fuhren** wir an einer Reihe von Burgen **vorbei.**

Pech haben

- schlecht wegkommen, den Kürzeren ziehen, nicht zum Zuge kommen, ein Pechvogel sein, vom Pech verfolgt sein

Der Radrennfahrer stürzte kurz vor dem Ziel. So ein **Pechvogel!** Der Begriff „Pechvogel" geht wahrscheinlich zurück auf eine alte Methode, Vögel zu fangen. Dazu wurde eine Rute mit Pech beschmiert, einem schwarzen, klebrigen Brei. Die Vögel, die mit ihren Federn daran hängen blieben, hatten Pech gehabt.

peinlich

- unangenehm, unerfreulich, beschämend, blamabel, hochnotpeinlich, zum In-den-Boden-Versinken

  Es ist mir sehr **unangenehm,** dass ich den Geburtstag meiner Tante vergessen habe.

  Auf dem eigenen Platz 0:10 zu verlieren, ist äußerst **blamabel.**

perfekt

- fehlerfrei, einwandfrei, vollkommen, göttlich, ideal, meisterhaft, makellos, vorbildlich, tipptopp

  Laura hatte im Gegensatz zu mir ein **einwandfreies** Zeugnis.

  Der Nachtisch schmeckte **göttlich!**
- fertig, erledigt, abgemacht, entschieden, nicht mehr zu ändern

  Du kommst zu spät. Die Sache ist schon **entschieden.**

petzen

- verpetzen, verraten, weitererzählen, weitersagen, ein Gerücht verbreiten, nicht dichthalten, tuscheln, ausplaudern, an die große Glocke hängen, verbreiten, schlechtmachen

  Musstest du mein Missgeschick so **an die große Glocke hängen?**

das Pferd

- die Stute, der Hengst, das Fohlen, der Wallach, das Kaltblut, das Warmblut, das Vollblut, das Pony, das Wildpferd, der Mustang, der Schimmel, der Rappe, der Fuchs, der Braune, der Schecke, der Falbe, das Reitpferd, das Kutschpferd, das Dressurpferd, das Springpferd, der Galopper, der Traber, das Ross, der Gaul, der Klepper

pflegen

- versorgen, betreuen, umsorgen, umhegen, sich kümmern, bemuttern, aufpäppeln, gut behandeln, sorgsam umgehen mit

  Wenn ich krank bin, lasse ich mich gerne **bemuttern.**
- warten, sauber halten, instand halten, in Ordnung halten

  Eine Heizung muss regelmäßig **gewartet** werden, damit sie funktioniert.

  Die Drittklässler **halten** den Schulgarten **in Ordnung.**

planen

- beabsichtigen, wollen, vorhaben, sich vornehmen, Pläne schmieden, einen Vorsatz fassen, entwerfen, aushecken, sich in den Kopf setzen, im Schilde führen, mit dem Gedanken spielen

Tim und Lars kamen lange nicht aus dem Kinderzimmer. Bestimmt **führten** sie etwas **im Schilde.** Diesen Ausdruck verwenden wir, wenn wir nicht so genau wissen, was jemand ausheckt. Die Redewendung geht auf die Ritterzeit zurück. Die Ritter trugen damals Wappen und Abzeichen auf ihren Schilden, an denen der Burgwächter erkennen konnte, ob sie Freunde oder Feinde waren.

der Platz

- die Sitzgelegenheit, der Sitzplatz, der Stuhl, der Stehplatz, der Tribünenplatz, der Fensterplatz, der Stammplatz, der Lieblingsplatz

  Im Bus bot ich einer alten Dame meinen **Sitzplatz** an.
- das Feld, das Gelände, das Spielfeld, die Spielfläche, der Rasen, das Stadion, der Sportplatz, der Fußballplatz, der Tennisplatz, der Spielplatz, der Campingplatz, der Marktplatz, der Rathausplatz, der Festplatz, der Flugplatz

  Unter dem Beifall der Zuschauer betraten die Fußballspieler den **Rasen.**
- der Standort, der Ort, die Stelle, die Position, die Örtlichkeit, der Punkt, der Fleck

  Das ist eine schöne **Stelle** zum Picknicken.

der Lieblingsplatz

- der Raum, die Bewegungsfreiheit

  In Papas Kleiderschrank ist kein **Raum** mehr für noch eine Krawatte.
  In der engen Kajüte hatten wir kaum **Bewegungsfreiheit.**

platzen

- zerplatzen, zerspringen, aufplatzen, aufbrechen, aufreißen, auseinanderfliegen, kaputtgehen, zerfetzt werden, explodieren, in die Luft fliegen

  Beim Bücken **riss** die Naht meiner Hose **auf.**
- scheitern, misslingen, sich zerschlagen, schiefgehen, auffliegen, ins Wasser fallen

  Der Plan der Bande **flog auf.** Sie war verraten worden.
  Die Hochzeit **fiel ins Wasser,** weil die Braut es sich anders überlegt hatte.

pleite

- bankrott, besitzlos, zahlungsunfähig, ohne Einkommen, ohne Vermögen, ohne Geld, am Ende, arm wie eine Kirchenmaus, abgebrannt, blank

Nachdem Paul auf der Kirmes sein ganzes Taschengeld ausgegeben hatte, war er **arm wie eine Kirchenmaus.** Diese Wendung geht davon aus, dass eine Maus in der Kirche ein armseliges Leben führt, weil es dort für sie nichts zu fressen gibt.

plötzlich

- auf einmal, mit einem Mal, schlagartig, ruckartig, blitzartig, unerwartet, überraschend, von einem Augenblick zum anderen, auf der Stelle, mit einem Schlag, Knall auf Fall, Hals über Kopf, aus heiterem Himmel; mir nichts, dir nichts

  Ich erschrak, weil sich die Frau **ruckartig** zu mir umdrehte.
  Diese Nachricht kam für uns völlig **überraschend.**
  Mir nichts, dir nichts hat Lena mit ihrem Freund Schluss gemacht.

Knall auf Fall packte meine Tante ihre Sachen und reiste ab. Der Ausdruck kommt aus der Jägersprache. So schnell wie nach dem Knall des Gewehrs das getroffene Wild umfällt, hatte die Tante ihre Entscheidung getroffen.

a b c d e f g h i j k l m n o p q r s t u v w x y z

der Po

- das Gesäß, das Hinterteil, der Popo, der Podex, der Steiß, der Allerwerteste, die vier Buchstaben, der Hintern

  Setz dich auf deine **vier Buchstaben!**

der Polizist, die Polizistin

- der Polizeibeamte, die Gesetzeshüterin, der Ordnungshüter, die Kriminalbeamtin, der Kommissar, die Verkehrspolizistin, der Fahnder, die Ermittlerin, die Streife

  Die **Fahnder** suchten auf dem sichergestellten Laptop nach verdächtigen E-Mails.

probieren

- versuchen, ausprobieren, herumprobieren, experimentieren, untersuchen, prüfen, testen, überprüfen, einen Versuch machen

  Ob sich ein Wasserrädchen wirklich dreht, kann man unter fließendem Wasser **ausprobieren.**

  Der Testfahrer **überprüft,** ob die neuen Reifen auch bei Regen gut am Asphalt haften.

- abschmecken, naschen, kosten, versuchen

  Wer will die Salatsoße **abschmecken?**

pünktlich

- rechtzeitig, frühzeitig, genau, fristgerecht, fahrplanmäßig, ohne Verspätung, wie vereinbart, auf die Minute, mit dem Glockenschlag

  Genau um 14.00 Uhr beginnt die Vorstellung.

  Meine Eltern versuchen jedes Jahr, ihre Steuererklärung **fristgerecht** abzugeben.

putzen

- saubermachen, säubern, reinigen, wischen, scheuern, abstauben, staubsaugen, kehren, fegen, schrubben, abschrubben

  Bei starken Flecken muss man den Küchenboden mit einer Bürste **scheuern.**

  Als mein Bruder vom Fußballplatz kam, musste er sich von Kopf bis Fuß **abschrubben.**

quälen

- wehtun, Schmerz zufügen, piesacken, drangsalieren, tyrannisieren, mobben, misshandeln, treten, schlagen, schinden, schikanieren, foltern

  Im Schulbus **drangsalierten** Jugendliche uns so lange, bis der Busfahrer eingriff.

  Heute dürfen Zugpferde vor der Kutsche nicht mehr **geschlagen** und **geschunden werden.**

  Lass dich von den anderen nicht **schikanieren,** auch wenn du der Kleinste in der Gruppe bist!

- plagen, bedrücken, belasten, belästigen, beunruhigen, keine Ruhe geben/lassen, nerven

  Der Husten **plagt** mich vor allem nachts.

  Wenn meine Oma etwas **bedrückt,** kann sie nicht einschlafen.

  Es **lässt** mir **keine Ruhe,** dass ich meine Mutter belogen habe.

- sich quälen: sich abmühen, sich plagen, sich herumschlagen, sich herumqälen, sich besonders anstrengen

  Jeden Nachmittag muss ich mich mit Hausaufgaben **herumschlagen.**

der Quatsch

- die Dummheit, der Unfug, der Unsinn, der Blödsinn, die Spinnerei, der Scherz, der Streich, der Kokolores, der Käse, der Mist, der Stuss, das dumme Zeug

  Das ist doch alles **Käse,** was du da sagst!

quetschen

- drücken, pressen, stopfen, zwängen, ausquetschen

  Ich **presse** auch noch den letzten Tropfen Saft aus der Orange.

- einklemmen, einquetschen, einschnüren

  Ich **habe** mir an der Tür den Finger **eingeklemmt.**

A B C D E F G H I J K L M N O P Q R S T U V W X Y Z

a b c d e f g h i j k l m n o p q r s t u v w x y z

rascheln

- knistern, knacken, knirschen

  Im Gehölz hörten wir es leise **knacken.**

raten

- empfehlen, vorschlagen, hinweisen, zureden, einschärfen, nahelegen, ans Herz legen, den Rat geben

  Die Inselbewohner **legten** uns **nahe,** bei Flut die Felsküste zu meiden.

  Meine Eltern **schärften** uns **ein,** in kein fremdes Auto zu steigen.

- erraten, sich denken, herausfinden, dahinterkommen, herausbekommen, herauskriegen, auflösen, entschlüsseln, knacken

  Wie **hast** du das **herausbekommen?**

  Kannst du das Lösungswort **entschlüsseln?**

  Hast du das Rätsel **geknackt?**

das Rätsel

- die Denkaufgabe, die Denksportaufgabe, das Quiz, das Ratespiel, das Kreuzworträtsel, das Bilderrätsel, das Silbenrätsel, das Buchstabenrätsel, das Zahlenrätsel, die Kapitänsaufgabe, die Kopfnuss

  Kannst du die **Kapitänsaufgabe** lösen? Auf einem Schiff sind 20 Schafe und 8 Enten. Wie alt ist der Kapitän?

- das Geheimnis, das Dunkel, die Merkwürdigkeit, das Wunder

  Es bleibt ein **Geheimnis,** wie der Schlüssel plötzlich wieder auftauchte.

  Die Tiefsee ist voller **Merkwürdigkeiten.**

rauf

- herauf, hinauf, aufwärts, hoch, in die Höhe, nach oben, empor

  Mühsam schleppte sich der alte Mann die Treppen **hoch.**

reden

- sagen, sprechen, äußern, mitteilen, besprechen, erzählen, anmerken, feststellen, von sich geben, den Mund aufmachen, seine Meinung sagen, reden wie ein Wasserfall, reden wie ein Buch, mit Händen und Füßen reden, sich den Mund fusselig reden, mit Engelszungen reden, ausplaudern, quasseln, plappern, faseln, palavern, labern, sülzen

  Vor vielen Leuten **spreche** ich ungern.

  „Was gibt es denn da hinten **mitzuteilen?“**, fragte unsere Lehrerin.

  Mein kleiner Bruder **erzählt** gerne viel.

  Ich war heute so müde, dass ich nur Unsinn **von mir gab.**

  Im Unterricht **macht** Emma **nie den Mund auf.**

  Hör auf zu **quasseln!**

  Der Fremdenführer **laberte** nur überflüssiges Zeug.
- sich unterhalten, miteinander reden, diskutieren, ein Gespräch führen, plaudern, schwatzen, quatschen, klönen

  Stundenlang **quatscht** meine Mutter mit ihrer Freundin am Telefon.
- eine Rede halten, vortragen, das Wort ergreifen, sich zu Wort melden

  Am Schluss der Feier **ergriff** der Bürgermeister noch einmal **das Wort.**
- lästern, herziehen, sticheln, spotten, tratschen, tuscheln

  Neidische Menschen **ziehen** gerne über andere **her.**

der Regen

- der Niederschlag, der Regenschauer, der Gewitterregen, der Sprühregen, der Nieselregen, der Platzregen, der Sturzregen, der Schneeregen, der Eisregen, der Wolkenbruch, der Regenguss, der Regenschauer, das Unwetter

  In der Wettervorhersage wurden für heute Abend kurze **Regenschauer** angekündigt.

regnen

- tröpfeln, nieseln, rieseln, plätschern, gießen, schütten, prasseln, pladdern, in Strömen gießen, Bindfäden regnen

  Obwohl es nur leicht **nieselte,** wurde ich nass.

  Wir können jetzt noch nicht aufbrechen. Es **regnet Bindfäden.**

reich

- wohlhabend, vermögend, zahlungskräftig, schwerreich, steinreich, begütert, stinkreich

  Früher hatten Kinder **begüterter** Familien einen Hauslehrer.
- prächtig, prachtvoll, prunkvoll, luxuriös, protzig, herrschaftlich, aufwendig, fürstlich

  Das Brautkleid war **aufwendig** bestickt.
- reichlich, vielfältig, enorm, beträchtlich, großzügig, üppig, kinderreich, ideenreich, fischreich, vitaminreich

  Unsere Bibliothek hat eine **enorme** Auswahl an Abenteuerbüchern.
  Meine Tante macht immer **großzügige** Geburtstagsgeschenke.
- reich sein: viel Geld haben, Geld wie Heu haben, im Geld schwimmen, mehr als genug haben, gut bei Kasse sein, nach Geld stinken

  Dagobert Duck **schwimmt im Geld.**

Dieser Mann **hat Geld wie Heu.** Das heißt, dass er viel Geld hat, so viel wie Heuhalme in einem Heuhaufen. Für Geld gibt es sehr viele Ausdrücke: Bares, Heu, Knöpfe, Moneten, Penunzen, Pinkepinke, Flocken, Flöhe, Kies, Knete, Kröten, Kohle, Mäuse, Moos, Piepen, Pulver, Schotter, Steine, Zaster, Mammon, Bimbes. Die Begriffe haben ihre ganz besonderen Entstehungsgeschichten. Oft kommen sie aus einer fremden Sprache oder entstehen durch Vergleiche.

rennen

- eilen, laufen, flitzen, sausen, rasen, sprinten, spurten, hasten, fliegen, stürzen, jagen, stürmen, hetzen, preschen, galoppieren, fegen, pesen, düsen, wetzen

  Mit wehender Mähne **flog** das Pferd über die Rennbahn.
  Den Tränen nahe **stürzte** meine Schwester aus dem Zimmer.
  Lisas Pony **galoppierte** über die Wiese auf sie zu.

das Restaurant

- die Gaststätte, das Gasthaus, der Gasthof, die Gastwirtschaft, das Lokal, die Pizzeria, das Bistro, der Schnellimbiss, der Biergarten, die Autobahnraststätte, das Wirtshaus, die Kneipe

  Mein Vater liebt **Kneipen,** meine Tante französische **Bistros.**

retten

- helfen, befreien, herausholen, bergen, in Sicherheit bringen, erlösen, erretten
  Die Feuerwehr konnte alle Bewohner des brennenden Hauses unverletzt **bergen.**
  Die Königstochter **erlöste** den verzauberten Prinzen.
- sich retten: davonkommen, wegkommen, entkommen, entrinnen, sich in Sicherheit bringen, am Leben bleiben
  Die Camper **entkamen** nur knapp dem Waldbrand.

richtig

- wahr, zutreffend, einwandfrei, fehlerlos, korrekt, goldrichtig, ohne Fehler
  Der Arzt stellte eine **zutreffende** Diagnose.
  Kemal spricht ein **einwandfreies** Deutsch.
- passend, geeignet, klug, ratsam, anständig, ordentlich, angemessen, wie geschaffen, wie es sich gehört
  Es ist sicher **klug,** an diesem Wochenende nicht mit dem Auto, sondern mit der Bahn zu fahren.
  Ohne Musik ist das kein **ordentliches** Fest!
  Die Rolle des Bösewichts ist **wie geschaffen** für mich.
- echt, waschecht, wirklich, tatsächlich
  Mein Großvater ist ein **waschechter** Bayer.
  Aleksandra ist der Künstlername der Sängerin.
  Ihr **wirklicher** Name klingt nicht so bedeutend.
- sehr, gründlich, tüchtig, kräftig
  Ich habe mich **sehr** über dich geärgert!
  Über Nacht hat es **tüchtig** geschneit.

a b c d e f g h i j k l m n o p q r s t u v w x y z

riechen

- schnuppern, schnüffeln, beschnüffeln, beschnuppern, wittern, einen Geruch wahrnehmen

  Rehe **wittern** schon von Weitem, wenn Menschen in der Nähe sind.

- duften, stinken, müffeln, miefen, Gestank verbreiten, Duft ausströmen

  Nach dem Hochwasser **müffelte** es in allen Kellern der Straße.

rollen

- sich drehen, sich bewegen, kugeln, kullern, kreisen, trudeln, umkreisen, eiern, sich wälzen

  Das Flugzeug **bewegt sich** langsam zur Startbahn.
  Der Ball **kullert** auf die Straße.
  Die Kugel **trudelte** an den aufgestellten Kegeln vorbei.
  Schweine **wälzen sich** gern im Dreck.

- bewegen, anrollen, fahren, wälzen

  Die Forstarbeiter **wälzten** den Baumstamm zur Seite.

- einrollen, aufwickeln, aufrollen, zusammenrollen

  Wenn man große Fotos transportieren will, muss man sie **zusammenrollen.**

romantisch

- verträumt, schwärmerisch, gefühlvoll, stimmungsvoll, märchenhaft, malerisch, friedlich, idyllisch, paradiesisch

  Bobby schrieb seiner Freundin **schwärmerische** Briefe.
  Weit weg vom Trubel entdeckten wir einen **idyllischen** Platz für unser Picknick.

rot

- hellrot, dunkelrot, rötlich, weinrot, krebsrot, glutrot, rosarot, blutrot, feuerrot, scharlachrot, purpurrot, knallrot, leuchtend rot

rufen

- ausrufen, schreien

  „Hitzefrei", **riefen** die Kinder begeistert **aus.**

  Bei der Klassensprecherwahl **schrien** alle durcheinander.

- alarmieren, anfordern, verlangen, herbeirufen, herrufen, zusammenrufen, zusammentrommeln

  Als wir den Rauch sahen, **alarmierten** wir sofort die Feuerwehr.

  Nach der Operation **verlangte** das Kind nach seiner Mama.

die Ruhe

- die Stille, der Frieden, das Schweigen, das Stillschweigen, die Geräuschlosigkeit, der Stillstand, die Bewegungslosigkeit

  In der **Stille** der Nacht können wir den Wind in den Blättern hören.

  Nach dem Schleudern braucht die Waschmaschinentrommel eine ganze Weile, bis sie endgültig zum **Stillstand** kommt.

- die Entspannung, die Erholung, die Muße, die Atempause, die Verschnaufpause, die Gelassenheit, die Seelenruhe

  Nach der Hektik der Wettkämpfe brauche ich eine **Verschnaufpause.**

  Obwohl Olga zu spät dran war, schlenderte sie in aller **Seelenruhe** zu ihrem Platz.

A B C D E F G H I J K L M N O P Q R S T U V W X Y Z

a b c d e f g h i j k l m n o p q r s t u v w x y z

ruhig

- still, leise, lautlos, geräuschlos, kaum hörbar, mucksmäuschenstill

  Die Kinder unserer Nachbarn sind **kaum hörbar.** Im Gegensatz zu uns.

  Als der Vorhang aufging, wurde es **mucksmäuschenstill** im Publikum.

- bewegungslos, regungslos, unbewegt, starr, wie angewurzelt, wie versteinert

  Unbewegt verfolgte der Angeklagte die Gerichtsverhandlung.

  Vor Schreck blieb Kevin **wie angewurzelt** stehen.

- gemütlich, geruhsam, friedlich, bedächtig, besonnen, beherrscht, gelassen, gefasst, seelenruhig, ohne Eile, ohne Hast, in aller Ruhe, cool

  Mama hat heute nichts vor. Sie will sich einen **geruhsamen** Abend machen.

  Mit ihrer **bedächtigen** Art hat Anna-Sophie den Streit geschlichtet.

  Ein Chirurg muss sehr **besonnen** arbeiten.

  Gefasst nahm der Patient die schlechte Nachricht auf.

- durchaus, ohne Weiteres, nur, meinetwegen

  Du kannst **ruhig** deine Sachen hier abstellen.

  Wenn es spät wird, könnt ihr **ohne Weiteres** bei uns übernachten.

  Lach **nur!** Das könnte dir auch passieren.

rühren

- mixen, verrühren, vermischen, quirlen, einrühren
  Beim Kuchenbacken darf ich die Zutaten **verrühren.**
- ergreifen, anrühren, berühren
  Der traurige Film hat mich **berührt.**
- sich rühren, sich bewegen, sich regen
  Die angefahrene Katze **regte sich** zunächst nicht.

rund

- kreisförmig, ringförmig, kreisrund, abgerundet
  Meine kleine Schwester malt immer **kreisrunde** Köpfe.
  Die Scheren für kleine Kinder sind vorne **abgerundet.**
- rundlich, übergewichtig, dicklich, mollig, pummelig, massig, kugelig, kugelrund, pausbäckig, wohlgenährt
  Unsere Katze hat sich **kugelrund** gefressen.
  Meine Cousine ist ein **pausbäckiges** Baby.
- ungefähr, fast, beinahe, etwa, circa, abgerundet, aufgerundet, schätzungsweise
  Circa zehn Minuten braucht der Kuchen noch, bis er fertig ist.
  Es waren **schätzungsweise** 80 Leute bei unserem Theaterstück.
- ganz, perfekt, gelungen, aus einem Guss
  Unser Schulfest war eine **gelungene** Sache.

runter

- herunter, hinunter, nach unten, nieder, herab, hinab, abwärts, in die Tiefe
  Der Ringer drückte seinen Gegner auf die Matte **nieder.**

rutschen

- schlittern, gleiten, ausrutschen, glitschen, ins Schleudern geraten
  Wenn man übers Eis **glitscht,** fällt man leicht auf den Po.
  Auf der regennassen Straße ist das Auto **ins Schleudern geraten.**
- Platz machen, zur Seite rücken, ein Stück rücken
  Mach mal **Platz,** ich will mich neben dich setzen!
- nicht fest sitzen, herunterrutschen, nach unten bewegen, abrutschen
  Meine Brille **sitzt nicht fest.** Sie **rutscht** dauernd herunter.
  Die Lawine **bewegte** sich mit enormer Geschwindigkeit **nach unten** ins Tal.

sagen

sagen

- äußern, reden, sprechen, fragen, antworten, ausdrücken, erzählen, feststellen, bemerken, anmerken, aussprechen, meinen, behaupten, vermuten, erwähnen, zur Sprache bringen, am Rande bemerken, einfließen lassen

  Manchmal ist es schwierig, genau das **auszudrücken,** was man meint.

  Der Politiker **sprach** sehr deutlich seine Meinung **aus.**

  Ganz nebenbei **ließ** meine Schwester **einfließen,** dass sie einen Freund hat.

- informieren, wissen lassen, ausrichten, mitteilen, melden, verständigen, berichten, schildern, erklären, aufklären, hinweisen, verkünden, Auskunft geben, Nachricht geben, eine Nachricht überbringen, Bescheid geben/sagen, in Kenntnis setzen

  Der Bergführer **klärte** uns darüber **auf,** wie wir gefahrlos zur Hütte gelangen konnten.

  Ein Bote **überbrachte** dem König **die Nachricht,** dass die Stadt erobert sei.

- anordnen, anweisen, beauftragen, befehlen, vorschreiben

  Der Busfahrer **wies** uns **an** hinten einzusteigen.

  Von meiner Schwester lasse ich mir gar nichts **vorschreiben!**

- leise sagen: flüstern, wispern, murmeln, näseln, tuscheln, nuscheln

  Ich **wisperte** meinem Freund ein Geheimnis ins Ohr.

  „Ich habe die Aufgabe nicht verstanden“, **murmelte** Jannis leise.

- laut sagen: rufen, ausrufen, schreien, toben, brüllen, kreischen, grölen, johlen, heulen, plärren

  „Wir sind die Größten!“, **grölten** die Fans nach dem Fußballspiel.

- fröhlich und lachend sagen: kichern, losprusten, sich freuen, jubeln

  Wir krabbelten aus dem Schnee und **prusteten los:** „Ein Meister-sturz!“

- etwas Nettes sagen: trösten, beruhigen, schmeicheln, ermutigen, loben, gut zureden
  „Alles wird gut", **tröstete** mich meine Oma und nahm mich in den Arm.
- wütend sagen: schimpfen, herumschreien, anschreien, toben, platzen, poltern, giften, keifen, fauchen, wettern, wüten, zetern, fluchen, schimpfen wie ein Rohrspatz
  „Ich werde euch den Ball wegnehmen", **zeterte** unser Nachbar.
- unglücklich sagen: jammern, klagen, seufzen, stöhnen, betteln, flehen, anflehen, quengeln, schluchzen, winseln, wimmern, jaulen
  Betti **quengelte** pausenlos: „Ich möchte endlich Karussell fahren!"
- unzufrieden sagen: sich beschweren, sich beklagen, protestieren, nörgeln, herumnörgeln, meckern, motzen
  Ständig **nörgelt** meine Mutter an meiner Schwester **herum.**
- abfällig sagen: auslachen, lästern, sticheln, spotten, tratschen, klatschen
  „Wie die wieder aussieht", **lästerten** die Jungs, als sie Sina sahen.
- etwas Unwahres sagen: lügen, flunkern, schwindeln, übertreiben
  „Ich habe nur zehn Minuten am Computer gespielt", **flunkerte** mein kleiner Bruder.
- in besonderer Weise aussprechen: stottern, stammeln, lispeln, lallen, näseln, krächzen, sich verhaspeln, sich verheddern
  „Kommt nur herein", **näselte** die Hexe und öffnete die Tür.
  Louis **verhaspelte sich** vor Aufregung.

sammeln

- zusammentragen, eine Sammlung machen, ansammeln, aufheben, aufbewahren, anhäufen, speichern, aufnehmen, hamstern, horten
  Für die Spendenaktion **trugen** wir ziemlich viel Geld **zusammen.**
  Auf der Festplatte **werden** alle Daten, die ich eingebe, **gespeichert.**
  Mein kleiner Bruder **hortet** alle Süßigkeiten in seinem Schrank.
- aufsammeln, auflesen, ernten, pflücken
  Wir **haben** Fallobst **aufgelesen.**
- sich sammeln: sich versammeln, zusammenkommen, sich anhäufen, sich stauen
  Wir **kamen** alle auf dem Schulhof **zusammen,** um gemeinsam zum Bus zu gehen.
  In meinem Zimmer **häuft sich** mit der Zeit allerlei Krimskrams **an.**
  In der Mulde vor unserem Haus **staut sich** das Regenwasser.

sauber

- gereinigt, gewaschen, geputzt, reinlich, fleckenlos, blitzblank, hygienisch, aufgeräumt, gepflegt, picobello, wie geleckt

  Nachdem ich mein Zimmer aufgeräumt hatte, sah es **wie geleckt** aus.
- umweltfreundlich, schadstoffarm, unschädlich, rein

  Inzwischen werden immer **schadstoffärmere** Automotoren gebaut.

  In den Alpen kann man **reine** Höhenluft atmen.
- sehr gut, sehr schön, ausgezeichnet, einwandfrei, fehlerlos, sorgfältig, gründlich

  Von meiner Platzwunde sieht man nichts mehr, sie ist wirklich **einwandfrei** genäht worden.

  Meine Englischlehrerin legt Wert auf eine **fehlerlose** Aussprache.

saubermachen

- säubern, reinigen, putzen, wischen, fegen, kehren, scheuern, schrubben, bürsten, abreiben, wegwischen, aufwischen, abputzen, abwischen, abwaschen, abstauben, staubsaugen, ausschütteln, ausklopfen, Staub wischen

  Früher **hat** man die Teppiche auf einer Stange im Hof **ausgeklopft.**

die Schachtel

- der Karton, der Kasten, die Kiste, die Box, das Päckchen, die Packung, die Pappschachtel, die Schuhschachtel, die Streichholzschachtel, die Pralinenschachtel, die Zigarettenschachtel

schaffen

- bewältigen, hinbekommen, hinkriegen, managen, packen, fertig werden, meistern, schmeißen, das Kind schaukeln, in den Griff kriegen, auf die Reihe kriegen, auf die Beine stellen

  Am Sonntag geht es um den Aufstieg unserer Mannschaft. Das **packen** wir!
- arbeiten, tätig sein, beschäftigt sein, eine Arbeit verrichten, hantieren, malochen, rackern

  Am Wochenende **hantiert** meine Cousine immer an ihrem Moped herum.

- herstellen, formen, gestalten, erschaffen, erzeugen, entstehen lassen, zustande bringen
  Die Malerin **hat** viele große Gemälde **geschaffen.**
  Der Discjockey **erzeugt** mit seiner Musikanlage ganz neue Töne.
  Diese Maßnahmen **lassen** keine neuen Arbeitsplätze **entstehen.**

„Mach dir keine Sorgen. Wir werden **das Kind** schon **schaukeln!**"
„Das schaffen wir schon" meint diese Redewendung. Sie ist ursprünglich wohl wörtlich gemeint als Ermutigung für eine Mutter, einmal in Ruhe ohne ihr Baby aus dem Haus zu gehen. Das Kind bleibt solange bei der Familie, die es versorgt und in der Wiege schaukelt.

scharf

- spitz, eckig, kantig, scharfkantig, gut geschärft/geschliffen/gewetzt, gezackt
  Meine Mutter arbeitet gerne mit **gut geschärften** Küchenmessern.
- gepfeffert, würzig, stark gewürzt, beißend, brennend, stechend, ätzend
  Das Essen war ziemlich **stark gewürzt.**
  Aus dem Chemiesaal drang ein **stechender** Geruch.
- genau, deutlich, klar, gestochen scharf
  Unser neuer Fernsehapparat hat ein sehr **klares** Bild.
- hart, streng, schonungslos, gnadenlos, rigoros, barsch, bissig
  An den Flughäfen werden alle Fluggäste **streng** kontrolliert.
  Bei der Schlägerei hat die Polizei **rigoros** durchgegriffen.

umweltfreundlich

a b c d e f g h i j k l m n o p q r **s** t u v w x y z

schauen

• sehen, ansehen, blicken, dreinblicken, betrachten, gucken, linsen

Die Verlierer **blickten** finster **drein.**

Ich **betrachtete** alle Bilder ganz genau.

Meine Schwester **linste** verstohlen zur Tür herein.

• schauen nach, sehen nach, betreuen, sich kümmern, pflegen, umsorgen

Wenn meine Eltern abends weg sind, **kümmert sich** eine Nachbarin um meinen kleinen Bruder.

schenken

• mitbringen, geben, spenden, spendieren, stiften, bescheren, vermachen, verschenken, zustecken, herausrücken, ein Geschenk überreichen/machen, in die Hand drücken

Nach langem Betteln **rückte** meine Kusine schließlich ein paar Sticker aus ihrer Sammlung **heraus.**

Bei jedem Geburtstag **drückt** uns unsere Uroma zehn Euro **in die Hand.**

scheu

• schüchtern, zaghaft, unsicher, verunsichert, verlegen, verschämt, gehemmt, ängstlich, furchtsam, zurückhaltend, menschenscheu

Was ist denn mit dir los? Du bist doch sonst nicht so **zaghaft.**

In einer fremden Umgebung bin ich ziemlich **zurückhaltend.**

scheußlich

• sehr schlecht, abscheulich, ekelhaft, widerlich, furchtbar, schrecklich, widerwärtig, trostlos, sehr hässlich, gemein, abstoßend, grässlich, mies

Ich finde den Geruch von Rosenkohl einfach **widerwärtig.**

Nach dem langen Winter sieht unser Garten **trostlos** aus.

schick

• modisch, geschmackvoll, elegant, gut angezogen, hübsch, flott, gestylt, durchgestylt, in

Was heute **in** ist, kann morgen schon wieder **out** sein.

schicken

- senden, abschicken, aufgeben, einschicken, fortschicken, mitschicken, verschicken, zuschicken, wegschicken, absenden, versenden, liefern, befördern, transportieren, übermitteln, zukommen lassen, auf den Weg bringen, in den Briefkasten stecken/werfen

  Zu Weihnachten **werden** immer viele Päckchen **aufgegeben.**
  Erst nach drei Tagen **ließ** Opa uns eine Nachricht **zukommen.**

das Schiff

- der Dampfer, der Ozeandampfer, der Ozeanriese, der Luxusliner, der Schlepper, der Tanker, der Eisbrecher, die Fähre, die Barkasse, der Kahn, der Kutter, das Segelschiff, das Passagierschiff, das Frachtschiff, das Kriegsschiff, der Flugzeugträger, das Boot, das Floß

schimpfen

- ausschimpfen, ermahnen, zurechtweisen, tadeln, abkanzeln, zusammenstauchen, beschimpfen, anfahren, anfauchen, anpfeifen, eine Strafpredigt halten, die Meinung sagen, den Kopf waschen, zur Schnecke machen

  In scharfen Tönen **kanzelte** der Trainer seine Mannschaft **ab.**

- herumschreien, toben, platzen, poltern, giften, keifen, fauchen, schnauben, wettern, wüten, zetern, rasen, explodieren, fluchen, eine Szene machen, schimpfen wie ein Rohrspatz

  Die Kleingärtner **wetterten** gegen den Ausbau der Straße.
  Onkel Ludwig **raste** vor Wut, weil sein Auto einen Kratzer hatte.

Der Autofahrer **schimpfte wie ein Rohrspatz,** als er ein Knöllchen an seinem Auto entdeckte. Diese Redensart bezieht sich auf das Gezeter des Drosselrohrsängers, der auch Rohrspatz genannt wird. Wer dessen Geschrei und Geschimpfe schon einmal gehört hat, kann sich vorstellen, wie es zu dieser Redensart gekommen ist.

schlafen

schlafen

- einschlafen, einnicken, schlummern, dösen, dämmern, pennen, pofen, ratzen, sich hinlegen, in den Schlaf sinken, in den Federn liegen, schlafen gehen, sich schlafen legen, sich hinlegen, ins Bett gehen, sich ins Bett legen, sich aufs Ohr legen

  Kaum saß mein kleiner Bruder im Kindersitz, da **nickte** er schon **ein.**
  Ich machte das Frühstück, als alle noch **in den Federn lagen.**
  Wenn meine Mutter müde ist, **legt** sie **sich** eine Viertelstunde **hin.**

- unaufmerksam sein, nicht aufpassen, träumen, mit den Gedanken woanders sein, nicht bei der Sache sein

  Das Verkehrszeichen war deutlich sichtbar. Der Fahrer **hat** wohl **geträumt.**

schlagen

- prügeln, hauen, verhauen, zuschlagen, boxen, handgreiflich werden, ohrfeigen, eine herunterhauen, zusammenschlagen, niederschlagen, auf jemanden einschlagen, übers Knie legen, einen Klaps geben, einen Fußtritt versetzen, eine Schlägerei/Prügelei/Rauferei beginnen

  Früher **wurden** Kinder **übers Knie gelegt,** heute dürfen sie nicht mehr **geschlagen werden.**

- sich schlagen: sich prügeln, sich balgen, sich raufen, sich kloppen

  Prügelt euch nicht schon wieder!

- klopfen, hämmern, pochen, ballern, trommeln

  Mein Herz **pochte** vor Aufregung wie wild.
  Ich **ballerte** vor Zorn gegen die Tür.

- besiegen, gewinnen, schlagen, übertreffen, besser sein, überlegen sein

  Die Oberligamannschaft **schlug** den deutschen Meister 2:1.
  Wir **waren** der gegnerischen Mannschaft haushoch **überlegen.**

raffiniert

schlau

- klug, intelligent, pfiffig, gescheit, aufgeweckt, scharfsinnig, listig, raffiniert, durchtrieben, gerissen, trickreich, helle, clever, tricky, auf Draht, mit allen Wassern gewaschen, auf Zack

  Die Neue in unserer Klasse ist schwer **auf Zack.**

Der Typ kennt sich aus. Er ist **mit allen Wassern gewaschen!** Das sagt man von jemandem, der alle Tricks kennt und seine Erfahrungen schlau für seine Ziele einsetzt. Die Redewendung bezog sich ursprünglich auf Seeleute. Denn das waren Männer, die das Wasser vieler Ozeane kennengelernt hatten, also weit gereist und daher sehr erfahren waren.

schlecht

- mangelhaft, minderwertig, misslungen, missraten, verpatzt, unbrauchbar, miserabel, jämmerlich, kümmerlich, kläglich, verheerend

  Die Klassenarbeit ist **misslungen.**
  Der **verpatzte** Start brachte die Läuferin um den Sieg.
  Der Hinweis war **unbrauchbar.**
  Das Beet vor der Schule befindet sich in einem **jämmerlichen** Zustand.
  Bei dieser **kümmerlichen** Beleuchtung machst du dir die Augen kaputt.
  Du siehst ja heute **verheerend** aus!
- schlecht geworden, ungenießbar, verdorben, verfault, sauer, verschimmelt, ranzig, gammelig

  Das Kompott war **ungenießbar.**
- übel, unwohl, mies, elend, hundsmiserabel

  Mir ist **übel.**
  Nach dem Fischbrötchen war mir **elend.**
- bösartig, böse, gemein, verkommen, charakterlos, niederträchtig, schlimm, hundsgemein

  Die Mädchen haben sich ziemlich **gemein** benommen.
- kaum, schwerlich, eher nicht, nicht wirklich, wohl nicht

  Ich kann mir **schlecht** vorstellen, von hier wegzuziehen.
  Mit dieser Verletzung kann ich **wohl nicht** am Spiel teilnehmen.

schließlich

wie der Wind

schließlich

- endlich, abschließend, zuletzt, letztlich, letzten Endes, zum Abschluss, zum Schluss, nach längerer Zeit, nach längerem Warten

  Wir protestierten gegen die Schließung des Spielplatzes, mussten aber **letzten Endes** doch klein beigeben.

  Nach längerem Warten kamen wir an die Reihe.

schlimm

- unangenehm, unerfreulich, ernst, übel, verletzend, bitter, schmerzlich, schwer, hart, erschütternd, unerträglich, tragisch

  Es war sehr **schmerzlich** für mich, dass mein Meerschweinchen gestorben ist.

  Der Verletzte hatte **unerträgliche** Schmerzen.

  Es war ein **tragischer** Unfall.

der Schluss

- das Ende, der Abschluss, der Ausgang, der Schlusspunkt, der Ausklang, das Aus, der Ladenschluss, der Sendeschluss, der Schulschluss

  Die Geschichte hat einen unerwarteten **Ausgang.**

  Diese Niederlage könnte das **Aus** für unsere Mannschaft bedeuten.

schmeißen

- werfen, zuwerfen, schmettern, schleudern, pfeffern, feuern, knallen, donnern

  Wütend **pfefferte** Jenny ihre Schultasche in die Ecke.
- abbrechen, aufgeben, aufstecken, hinwerfen, aussteigen

  Jonas hatte keine Lust mehr und **stieg** aus dem Spiel **aus.**
- bewältigen, erreichen, fertigbringen, schaffen, meistern, geregelt kriegen, hinbekommen, packen, auf die Beine stellen

  Meine Großmutter **bewältigte** neben ihrem Eisenwarengeschäft auch noch einen großen Haushalt.

  Kopf hoch! Du wirst es schon **geregelt kriegen.**

schmutzig

- unsauber, dreckig, verschmutzt, ungepflegt, ungewaschen, fleckig, schmuddelig, beschmutzt, verschmiert, verdreckt, verstaubt, versifft

  Dein Schmusekissen muss mal gewaschen werden. Es ist ziemlich **schmuddelig.**

schnell

- rasch, eilig, zügig, flott, geschwind, schleunigst, flink, rasant, blitzschnell, blitzartig, fix, augenblicklich, gleich, sofort, umgehend, prompt, schnurstracks, wie im Flug, auf der Stelle, wie der Wind, wie der Blitz, in Windeseile, mit Riesenschritten, im Handumdrehen, Hals über Kopf, im Schweinsgalopp, mit einem Affenzahn

  Es ist spät geworden. Ich muss **schleunigst** nach Hause.

  Der Autofahrer wurde geblitzt, weil er in einem **rasanten** Tempo durch die Ortschaft fuhr.

  Beim Spielen vergeht die Zeit **wie im Flug.**

  Die Sommerferien sind fast zu Ende, der Schulbeginn naht **mit Riesenschritten.**

Im Handumdrehen war Gina mit ihren Hausaufgaben fertig. Das heißt, Gina war im Nu mit ihren Aufgaben fertig. Beweglich wie unsere Hand ist, kann man sie ganz schnell umdrehen, das geht ruck, zuck. Ein bisschen länger als eine Handumdrehung wird Gina aber wohl doch für ihre Hausaufgaben gebraucht haben.

schon

schon

- bereits, längst, früher als erwartet, früher als gedacht, schon lange, seit Langem

  Morgen beginnt die Schule **bereits** um 8 Uhr.

  Das Eichhörnchen war **längst** weg, als wir endlich den Fotoapparat gezückt hatten.

schön

- hübsch, reizend, bezaubernd, hinreißend, entzückend, herrlich, prächtig, märchenhaft, traumhaft, geschmackvoll, elegant, attraktiv, traumhaft, bildschön, wunderschön, glanzvoll, großartig, angenehm

  Die Braut sah **märchenhaft** aus.

  In diesem Laden gibt es sehr **geschmackvolle** Kleider.

  Angenehme Reise!

- heiter, mild, sonnig, strahlend, warm, wolkenlos

  An **milden** Abenden sitzen wir gerne lange auf dem Balkon.

  Wir hatten die ganzen Ferien **strahlendes** Wetter.

- bestens, ausgezeichnet, erfreulich, fabelhaft, genial, lobenswert

  Der Auszubildende lieferte eine **fabelhafte** Arbeit ab.

schön machen

- verschönern, dekorieren, drapieren, schmücken, aufmöbeln, verbessern, polieren

  Für den Elternabend **schmückten** wir unser Klassenzimmer.

  Der Fischer hat seinen alten Kahn wieder **aufgemöbelt.**

- sich schön machen: sich zurechtmachen, sich schminken, sich herausputzen, sich hübsch machen, sich fein machen, sich stylen, sich auftakeln

  Das Model wurde für seinen Auftritt perfekt **gestylt.**

Ramona und Bob erschienen ziemlich **aufgetakelt** in der Schuldisco. Die beiden waren also auffällig gekleidet und zurechtgemacht. „Auftakeln“ bedeutet in der Seemannssprache „die Segel setzen“. Wenn sich früher ein Schiff mit gesetzten Segeln dem Hafen näherte, zog es alle Blicke auf sich. Genau das wollten Ramona und Bob mit ihrer Aufmachung auch erreichen.

schrecklich

- furchtbar, fürchterlich, entsetzlich, grässlich, grauenhaft, scheußlich, ekelhaft, hässlich, haarsträubend, verheerend, grausig, schaurig, unheimlich, gespenstisch, der Horror, angsterregend, furchterregend, grauenerregend, schreckenerregend

  In den Nachrichten kamen Bilder von einem **verheerenden** Erdbeben.

  Die Fahrt über die enge Passstraße war **der** absolute **Horror.**
- enorm, gewaltig, furchtbar, verdammt, unglaublich, unbeschreiblich

  Gestern war es **verdammt** kalt.

schreiben

- kritzeln, krakeln, bekritzeln, beschmieren, vollschreiben, tippen, eingeben

  Wenn meine Schwester telefoniert, **bekritzelt** sie das Telefonbuch.

  Wer **tippt** denn noch auf einer Schreibmaschine? Heute werden Texte in den Computer **eingegeben** und ausgedruckt.
- notieren, aufzeichnen, aufschreiben, abschreiben, niederschreiben, eintragen, schriftlich festhalten, zu Papier bringen, mailen, simsen

  Es dauert immer lange, bis ich den ersten Satz **zu Papier bringe.**
- texten, dichten, reimen, verfassen, Texte/Bücher/Gedichte/Briefe schreiben

Meine Schwester **verfasste** für ihre Bewerbung einen Lebenslauf.

schreien

- rufen, brüllen, kreischen, grölen, johlen, keifen, zetern, herumtoben, krakeelen, ein Riesengeschrei veranstalten

  Wenn die Amseln im Frühjahr eine Katze bemerken, **veranstalten** sie **ein Riesengeschrei.**

aufschreiben

A B C D E F G H I J K L M N O P Q R S T U V W X Y Z

der Schuh

der Schuh

- das Schuhwerk, der Lederschuh, der Stoffschuh, der Leinenschuh, der Lackschuh, der Herrenschuh, der Damenschuh, der Kinderschuh, der Babyschuh, die Sandale, der Hausschuh, der Pantoffel, der Badeschlappen, das Turnschläppchen, der Sportschuh, der Laufschuh, der Wanderschuh, der Ballettschuh, der Stiefel, der Gummistiefel, der Skistiefel

die Schule

- die Grundschule, die Hauptschule, die Realschule, die Förderschule, die Sonderschule, das Gymnasium, die Gesamtschule, die Ganztagsschule, die Berufsschule, die Abendschule, die Musikschule, die Malschule, die Fahrschule, die Tanzschule, die Reitschule, die Skischule, die Segelschule

  Nach der Grundschule werde ich die **Realschule** besuchen.
- das Schulhaus, das Schulgebäude

  Unser **Schulhaus** wird in den Sommerferien renoviert.
- der Unterricht, die Schulstunde, der Kurs

  Nach den Ferien beginnt der **Unterricht** später.

schützen

- beschützen, verteidigen, behüten, decken, sichern, absichern, abschirmen, abhalten, abwehren, aufpassen, wachen über, in Schutz nehmen, Schutz gewähren, unter seine Fittiche nehmen, unter Naturschutz stellen

  Es ist nicht leicht, das Privatleben berühmter Leute gegen die Neugier der Fans **abzuschirmen.**

  Das Moskitonetz über meinem Bett **hält** die Mücken **ab.**

  Der Boxer **deckte** seine Nase mit der Rechten.
- sich schützen: sich hüten, sich fernhalten, sich in Sicherheit bringen, in Deckung gehen, Schutz suchen

  Hüte dich vor dem Einfluss dieser Leute!

„In den ersten Schulwochen **nahmen** wir die Erstklässler in der großen Pause **unter unsere Fittiche.**“ In dieser Redensart steckt die schützende Gebärde einer Vogelmutter, wenn sie bei Gefahr ihre Jungen unter ihre Flügel, also unter ihre Fittiche nimmt.

schützen

schwach

- kraftlos, entkräftet, erschöpft, abgespannt, matt, schwächlich, dünn, fein, klein, zerbrechlich, schmächtig, kümmerlich, mickrig, zittrig, schlapp, gebrechlich, klapprig, wackelig/schwach auf den Beinen
  Das Seil ist für eine Schaukel viel zu **dünn.**
  Wir haben ein **mickriges** kleines Kätzchen aufgepäppelt.
  Die alte Dame von nebenan wird immer **gebrechlicher.**
- nachgiebig, lasch, verführbar, entscheidungsschwach, willensschwach
  Für die Erziehung eines Hundes ist meine Oma zu **nachgiebig.**
  Rote Gummibärchen machen mich trotz guter Vorsätze **verführbar.**
- dürftig, unzureichend, lausig, notdürftig, ungenügend, leistungsschwach, enttäuschend
  Das Treppenhaus ist nur **notdürftig** beleuchtet.
  Leistungsschwache Schülerinnen und Schüler brauchen Unterstützung.
  Das Spiel meiner Lieblingsmannschaft war **enttäuschend.**

schwarz

- schwärzlich, rabenschwarz, kohlrabenschwarz, pechschwarz, schwarz wie die Nacht
  Meine Mutter kam mit **kohlrabenschwarzen** Fingernägeln von der Gartenarbeit.
- dunkel, finster, stockdunkel, stockfinster, zappenduster
  Kein Licht drang ins Zimmer. Es war **zappenduster.**
- unerlaubt, gesetzeswidrig, ohne Erlaubnis/Genehmigung
  Um keine Steuern zahlen zu müssen, arbeiten manche Menschen **ohne Genehmigung.**
- aussichtslos, hoffnungslos, düster
  Für manche Berufe sieht die Zukunft **düster** aus.

a b c d e f g h i j k l m n o p q r s t u v w x y z

schwatzen

- sich unterhalten, erzählen, plaudern, plauschen, schnattern, tuscheln, klönen, schnacken, quasseln, quatschen, babbeln, einen Schwatz halten

  „Wie kann man nur so lange **babbeln!“,** schimpfte mein Vater, weil er auch telefonieren wollte.

schwer

- wuchtig, gewaltig, massig, zentnerschwer, bleischwer, kaum zu heben, kaum zu bewegen

  Der **massige** Otto hatte seinen Traumberuf gefunden: Sumoringer.
- stark, heftig, groß, mächtig, ungeheuer, massiv

  Bei der Karambolage wurden viele Autos **stark** beschädigt.

  Ein **heftiger** Sturm fegte über die Nordseeküste.
- schwierig, kompliziert, knifflig, mühevoll, mühsam, anstrengend, beschwerlich, belastend

  Die Arbeit in einem Bergwerk ist sehr **beschwerlich.**

schwierig

- kompliziert, schwer verständlich, knifflig, verzwickt, verworren, ernst, kritisch, problematisch, anstrengend, hart, unangenehm, heikel, haarig, brenzlig, gefährlich

  So **kompliziert** waren die Aufgaben auch wieder nicht!

  „Die Lage ist **kritisch,** aber nicht hoffnungslos“ ist der Lieblingssatz meines Opas.

  Meine Mutter hat das Talent, **heikle** Themen immer beim Essen anzuschneiden.

  Der Streit meiner Freunde brachte mich in eine **haarige** Situation. Ich wusste nicht, zu wem ich halten sollte.

schwimmen

- kraulen, brustschwimmen, rückenschwimmen, delfinschwimmen, tauchen, treiben, schweben, baden, planschen

  Durch ihre Schwimmblase können die meisten Fische ohne Kraftanstrengung im Wasser **schweben.**

der See

- der Teich, der Tümpel, der Weiher, der Stausee, der Baggersee, der Badesee, der Bergsee, der Kratersee, die Seenplatte

  Wenn sich der Krater eines Vulkans mit Regenwasser füllt, entsteht ein **Kratersee.**

sehen

- erblicken, entdecken, erkennen, sichten, wahrnehmen, erspähen

  Vom Hubschrauber aus **wurden** die Schiffbrüchigen **gesichtet.**
  Ich **habe** nur aus den Augenwinkeln **wahrgenommen,** dass ein Auto von der Seite kam.
  Meine Freundin machte nicht auf. Aber ich konnte ihr Gesicht hinter dem Vorhang **erspähen.**
- ansehen, angucken, anblicken, anschauen, hinschauen, besichtigen, betrachten, beobachten

  Ich **betrachtete** mich in meiner neuen Jeans von allen Seiten und war zufrieden.
- blicken, schauen, gucken, blinzeln, äugen, anstarren, gaffen, mustern, stieren, zuzwinkern, schielen, glotzen, Stielaugen bekommen

  Zwei gelbe Augen **äugten** aus dem Gebüsch in unsere Richtung.
  Teilnahmslos **stierte** der Angeklagte im Gerichtssaal auf den Boden.
- sehen nach, schauen, betreuen, sich kümmern, pflegen, sorgen, achten, aufpassen, hüten, im Auge behalten, nicht aus den Augen lassen

  In den Ferien **kümmern** wir **uns** um die Katze des Nachbarn.

Die Kinder **bekamen Stielaugen,** als am Nachbartisch Eisbecher serviert wurden. Das heißt, dass die Kinder sehr sehnsüchtig und begehrlich guckten. Bei dieser Redewendung fallen einem die Augen einer Schnecke ein, die auf langen Tentakeln vorne am Kopf sitzen und sehr beweglich sind.

A B C D E F G H I J K L M N O P Q R S T U V W X Y Z

sehr

sehr

- besonders, überaus, äußerst, enorm, zutiefst, außerordentlich, unbeschreiblich, unglaublich, ungeheuer, riesig, schrecklich, furchtbar, wahnsinnig, irre, teuflisch, höllisch, tierisch, total, mega-, super-, hyper-

  Mit meiner dummen Bemerkung habe ich meinen Freund **zutiefst** gekränkt.
  Beim nächsten Gruppentreffen müssen wir eine **außerordentlich** wichtige Sache besprechen.
  Ich habe mich **wahnsinnig** über den Goldfisch gefreut.
  Die Klassenarbeit war **hyperschwer.**

sich setzen

- sich hinsetzen, sich hinhocken, sich niederlassen, Platz nehmen, sich auf einen Stuhl fallen lassen, es sich bequem machen

  Der Hotelboy führte uns zu einer Sitzecke und sagte: „**Machen** Sie **es sich bequem.**"

sicher

- gefahrlos, ungefährlich, unschädlich, unbedenklich, bedenkenlos, risikofrei, ungefährdet, ohne Gefahr

  In dieser Gegend kann man **bedenkenlos** zelten.
  In einer Spielstraße können Kinder **ungefährdet** spielen.
- gerettet, in Sicherheit, außer Gefahr, behütet, beschützt, geschützt, geborgen

  Auf der Anhöhe waren die Dorfbewohner vor dem Hochwasser **geschützt.**
  Unser junger Hund fühlt sich beim Feuerwerk in meinen Armen **geborgen.**
- klar, erwiesen, zuverlässig, nachprüfbar, wasserdicht, hundertprozentig, todsicher, bombensicher

  Eins ist **klar:** In den Ferien werde ich länger aufbleiben.
  Das Alibi der jungen Frau war **wasserdicht.**
- fehlerfrei, geschickt, erfahren, erprobt, fit, geübt, gewandt

  Tanja kann das Einmaleins schon **fehlerfrei.**
  Ein Chirurg muss eine **geübte** Hand haben.

sitzen

bestimmt, gewiss, auf jeden Fall, mit Sicherheit

> Meine Schwester wollte mich abholen. Aber weil sie frisch verliebt ist, hat sie das **bestimmt** vergessen.

singen

trällern, trillern, schmettern, summen, brummen, jodeln, zwitschern, tirilieren, pfeifen, krähen, grölen, ein Lied anstimmen

> Die Lerche ist ein Vogel, der in besonders hohen Tönen singt: Sie **tiriliert.**

sitzen

hocken, kauern, thronen, sich lümmeln, hängen, dasitzen, dahocken

> Till langweilt sich. Er **hängt** lustlos im Sessel.

passen, stimmen, keine Falten werfen, einen guten Sitz haben, wie angegossen sitzen

> Die Skistiefel **passen** genau. Sie **sitzen wie angegossen.**

sich aufhalten, sich befinden, sein, ihren/seinen Sitz haben

> Auf den Rosen **sind** dieses Jahr viele Blattläuse.
> Die Autofirma **hat ihren Sitz** im Industriegebiet.

beherrschen, einstudiert haben, im Griff haben, draufhaben

> Bei der Arbeit am Fließband müssen die Arbeiter jeden Handgriff perfekt **beherrschen.**

im Gefängnis sein, hinter Schloss und Riegel sitzen, im Knast sein, brummen

> Sechs Monate musste der Dieb **brummen.**

sofort

sofort

- gleich, sogleich, augenblicklich, unverzüglich, unmittelbar, umgehend, prompt, schleunigst, möglichst gleich, im Nu, auf der Stelle, auf dem schnellsten Weg, jetzt oder nie, brühwarm

  Wegen Einsturzgefahr musste das Haus **unverzüglich** geräumt werden.

  Justin muss **umgehend** ins Rektorat kommen.

Sven kann man nichts anvertrauen. Er erzählt immer alles **brühwarm** weiter. Sven ist also eine Tratsche. Schneller als eine Brühe kalt wird, erzählt er etwas weiter, selbst wenn man es ihm unter dem Siegel der Verschwiegenheit anvertraut hat.

die Sorge

- der Kummer, die Furcht, die Befürchtung, die Besorgnis, die Beunruhigung, das Angstgefühl, die schlaflosen Nächte

  Wenn sich unsere Ankunft verzögert, ist das kein Grund zur **Beunruhigung.**

  Die berufliche Zukunft ihrer Kinder macht manchen Eltern **schlaflose Nächte.**

- die Pflege, der Schutz, die Betreuung, die Fürsorge, die Hilfe, die Versorgung

  Ein Baby braucht die **Fürsorge** seiner Eltern.

  Die Fünftklässler übernehmen die **Versorgung** der Schulhühner.

umsorgen

sorgen

- pflegen, betreuen, versorgen, in Pflege nehmen, umsorgen, aufpassen, bemuttern, beaufsichtigen, sich kümmern, achten auf
  Unsere Nachbarin **nahm** meine Meerschweinchen für ein paar Tage **in Pflege.**
  Wir müssen selbst **darauf achten,** dass nach dem Unterricht alle Fenster zu sind.
- sich sorgen: besorgt sein, in Sorge sein, beunruhigt sein, sich ängstigen, zittern, sich Sorgen machen, sich Gedanken machen, Gespenster sehen

„Es wird schon nichts passiert sein. Ihr **seht Gespenster“,** beruhigte Papa uns. Der Vater drückt mit dieser Redewendung aus, dass er die Angst der Kinder für unbegründet hält. Denn wer Gespenster sieht, malt sich Dinge aus, die es gar nicht gibt.

spannend

- aufregend, erregend, ergreifend, packend, mitreißend, faszinierend, atemberaubend, fesselnd
  Das Buch war so **packend,** dass ich bis tief in die Nacht gelesen habe.

der Spaß

- der Scherz, der Witz, der Unsinn, der Gag, der Klamauk, der Quatsch, der Blödsinn
  Mein Opa macht manchmal **Witze,** über die keiner lachen muss.
  Die Narren zogen lautstark und mit viel **Klamauk** durch die Straßen.
- die Freude, das Vergnügen, die Lust, der Heidenspaß, der Mordsspaß, der Riesenspaß, die gute Laune, der Fun
  Das schlechte Wetter konnte uns die **gute Laune** nicht verderben.

später

- danach, darauf, nachher, dann, demnächst, irgendwann, eines Tages, nach einer gewissen Zeit
  Zuerst gehen wir zum Zahnarzt, **danach** in die Eisdiele.
  Irgendwann einmal werde ich Millionär.

a
b
c
d
e
f
g
h
i
j
k
l
m
n
o
p
q
r
s
t
u
v
w
x
y
z

das Spiel

spielen

das Spiel

- das Gesellschaftsspiel, das Glücksspiel, das Ratespiel, das Brettspiel, das Würfelspiel, das Kartenspiel, das Geduldsspiel, das Hüpfspiel, das Fangspiel, das Computerspiel

  Enzo und Nike probieren ein neues **Computerspiel** aus.
- der Wettkampf, das Match, die Begegnung, die Partie, das Rückspiel, das Heimspiel, das Endspiel

  Immer, wenn mein Opa uns besucht, spiele ich eine **Partie** Schach mit ihm.
- die Aufführung, die Vorstellung, das Theaterstück, das Schauspiel, das Singspiel

  Die **Vorstellung** fällt heute leider aus.

spielen

- sich beschäftigen, in ein Spiel vertieft sein, ein Spiel machen

  Die Kindergartenkinder **beschäftigten sich** stundenlang mit der neuen Holzeisenbahn.
- herumfummeln, herumfingern, herumnesteln

  Lukas kann seine Hände nicht ruhig halten. Er muss ständig an etwas **herumnesteln.**
- darstellen, auftreten, aufführen, vorführen, vorspielen, eine Rolle (im Theater/beim Fernsehen/Film) spielen

  Ich durfte als Hexe **auftreten.**

  Bei der Einschulung der Erstklässler **führten** wir ein Singspiel **auf.**
- ein Instrument spielen, musizieren, ein Konzert geben, Musik machen

  Murat **musiziert** im Schulorchester.

  Auf dem Fabrikgelände **gab** die Rockband **ein Konzert.**

sprechen

- reden, sagen, sich ausdrücken, vorsprechen, vortragen, aufsagen, aussprechen, formulieren, erzählen, berichten, von sich geben, das Wort ergreifen, urteilen, Stellung nehmen

  Meine Großmutter **erzählt** gerne von ihrer Kindheit.
- sich unterhalten, miteinander sprechen, ein Gespräch führen, sich verständigen, schwatzen, diskutieren, plaudern, quatschen, klönen, lästern, klatschen, tratschen, sich das Maul zerreißen

  Lisa und ich saßen auf meinem Bett und **klatschten** über unsere Klassenkameradinnen.
- besonders sprechen: kichern, plappern, schnattern, wimmern, flüstern, wispern, tuscheln, schreien, kreischen, keifen, zetern, quasseln, schwafeln

  Auf der Klassenfahrt **schnatterten** wir bis in die Nacht.
- besonders aussprechen: lispeln, nuscheln, lallen, murmeln, brummen, krächzen, näseln, stammeln, stottern, sich verhaspeln, sich verheddern

  Manchmal **stottere** ich vor Aufregung.

springen

- hüpfen, hopsen, federn, hochspringen, herunterspringen, hinunterspringen, hinüberspringen, schnellen, hechten, einen Hechtsprung machen, einen Satz machen, Sprünge machen

  Vor seinem Absprung **federte** der Turmspringer mehrmals in die Höhe.

  Die Fische **schnellten** aus dem Wasser und schnappten nach Insekten.
- zerbrechen, reißen, zerspringen, krachen, knacken, splittern, platzen, in die Brüche gehen, Risse bekommen

  Glas und Porzellan **gehen** leicht **in die Brüche.**

Der Torwart **machte einen Hechtsprung** in die linke Ecke des Tors und hielt den Elfmeter. Dieser Vergleich bezieht sich auf das Jagdverhalten des Hechtes. Als Raubfisch lauert er unter der Uferböschung auf seine Beute, bis er sie sich aus der Deckung heraus mit einem großen Sprung schnappt.

die Spur

- der Abdruck, der Tritt, die Fußspur, der Fußabdruck, der Fußstapfen, der Fingerabdruck, die Fährte, die Tierspur, die Bremsspur

  Der Hund verfolgte eine **Fährte** und musste stundenlang gesucht werden.
- die Fahrspur, der Fahrstreifen, die Standspur, die Überholspur

  Auf der **Standspur** hielt ein Auto mit qualmendem Motor.
- der Anhaltspunkt, der Beweis, das Anzeichen, das Zeichen, die Überreste

  Die Polizei hat noch keine **Anhaltspunkte,** wer der Täter sein könnte.
  Bei der Aushebung von Baugruben stößt man immer wieder auf **Überreste** aus vergangener Zeit.
- etwas, ein wenig, ein bisschen, eine Idee, eine Prise, ein Hauch

  In dieses Essen gehört noch **eine Prise** Kreuzkümmel.

die Stadt

- der Ort, die Ortschaft, das Städtchen, die Kleinstadt, die Großstadt, die Hauptstadt, die Weltstadt, die Metropole

  Tokio, New York und Rio de Janeiro sind **Weltstädte.**
- das Zentrum, die Innenstadt, die City

  Ich fahre gerne **ins Zentrum,** weil man dort gut einkaufen kann.
  In der **City** gibt es eine Fußgängerzone.
- die Gemeinde, die Kommune, die Stadtverwaltung

  Ausweise bekommt man bei der **Stadtverwaltung.**

der Star

- der Singvogel
- die berühmte Persönlichkeit, die Berühmtheit, der Prominente, die Diva, der Filmstar, der Fernsehstar, der Rockstar, der Popstar, der Superstar, der Megastar, der Shootingstar, der Newcomer, der Promi

stark

- kräftig, kraftvoll, fest, stabil, robust, massiv, fit, durchtrainiert, kraftstrotzend, bärenstark, baumstark
  Mein Rugby-Trainer hat einen **festen** Händedruck.
  Unser kleiner Flitzer hat einen ziemlich **robusten** Motor.
  Der Ringer ist eine **kraftstrotzende** Erscheinung.
- scharf, streng, intensiv, durchdringend, stechend, beißend, penetrant
  Bei dem Brand entwickelte sich **beißender** Rauch.
  Pilze wie Stinkmorcheln haben einen **penetranten** Geruch.
- fähig, gut, tüchtig, leistungsstark, schlagkräftig
  Es werden immer **leistungsstärkere** Autos gebaut.
  Unsere Gegner waren eine **schlagkräftige** Mannschaft.
- nervenstark, mutig, belastbar, willensstark, charakterfest
  Wir waren nicht **mutig** genug die Wahrheit zu sagen.
- sehr, riesig, schwer, heftig, furchtbar, ungeheuer, schrecklich, unbeschreiblich, großartig, außergewöhnlich, ausgezeichnet, außerordentlich, hervorragend, beeindruckend, grandios, spitze, toll, super, cool, genial
  Uns überraschte ein **schweres** Gewitter.
  Letzte Woche war ich **heftig** erkältet und hatte **furchtbares** Halsweh.
  Ungeheure Regenfälle ließen die Bäche und Flüsse überlaufen.
  Lisa findet den Freund ihrer Schwester echt **beeindruckend.**

starten

- loslaufen, losfahren, losfliegen, abheben, aufbrechen, abfahren, anfahren, anwerfen, einen Wettlauf/ein Rennen beginnen
  Auf Kommando **liefen** alle **los.**
  Wann **brecht** ihr in die Ferien **auf?**
  Der Motorradfahrer **warf** seine Maschine **an** und raste los.

stehen

stehen

- dastehen, aufrecht stehen, sich erheben, sich aufrecht/gerade halten, auf den Beinen stehen, sich befinden, sich aufhalten, seinen Platz haben

  Mitten im Park **erhebt sich** der Fernsehturm.

  Vincent fühlte sich so schwach, dass er **sich** kaum **aufrecht halten** konnte.

  Die Jugendherberge **befindet sich** direkt am Waldrand.

  Mein Bett **hat seinen Platz** am Fenster.
- anhalten, stoppen, halten, verharren, stillstehen, stocken, aussetzen

  Vor dem Grenzübergang **stockte** der gesamte Verkehr.

  Die Kirchturmuhr **setzte aus,** als der Blitz einschlug.
- passen zu, kleiden, schmeicheln, geeignet sein

  Die Farbe Blau **passt zu** dir.
- stehen zu, vertreten, verteidigen

  Noah **verteidigte** seinen Freund vor der Klasse.

stehlen

- wegnehmen, bestehlen, entwenden, einstecken, mitnehmen, verschwinden lassen, rauben, ausplündern, entreißen, mausen, mopsen, klauen, stibitzen, abstauben, mitgehen lassen, sich vergreifen an, lange Finger machen

  Vom Moped aus **entrissen** die Diebe der alten Dame die Handtasche.

Bei uns im Klassenzimmer **hat** jemand **lange Finger gemacht.** Wir wissen aber nicht, wer. Hier ist etwas gestohlen worden. Die Redewendung „lange Finger machen" geht davon aus, dass die Finger des Diebs sich sozusagen ganz lang machen, bis sie das, was er stehlen will, greifen können.

stellen

- absetzen, abstellen, hinstellen, aufstellen, lehnen, setzen, platzieren, zu Boden setzen

  Mein Opa **lehnte** die Leiter an den Baum.

  Weil sie ihre Lieblingssendung nicht verpassen wollte, **platzierte** meine Schwester den Suppenteller auf ihren Knien.

- einrichten, einstellen, regulieren
  Früher **stellten** die Bahnwärter jede Weiche von Hand **ein.**
  Am Thermostat **reguliert** man die Zimmertemperatur.
- fangen, festnehmen, fassen, aufgreifen, ergreifen, erwischen, schnappen
  Die Polizei **griff** Jugendliche **auf,** als sie gerade anfingen einen Spielplatz zu demolieren.
- sich stellen: sich melden, sich ergeben, sich ausliefern, ein Geständnis ablegen
  Vom schlechten Gewissen geplagt **meldeten sich** die Sprayer beim Hausbesitzer.
- sich stellen: sich aufstellen, sich hinstellen, sich aufbauen, sich aufpflanzen
  Die großen Jungs **pflanzten sich** vor uns **auf** und versperrten uns den Weg.

sterben

- aufhören zu leben, entschlafen, einschlafen, versterben, verscheiden, umkommen, von uns gehen, für immer die Augen schließen, aus dem Leben scheiden, zu Tode kommen, verenden, eingehen
  Nach langer Krankheit ist mein Uropa friedlich **eingeschlafen.**
  Während der langen Dürre sind in der Savanne viele Tiere **verendet.**
  Wir nehmen die Pflanzen aus dem Klassenzimmer in den Ferien mit nach Hause, damit sie nicht **eingehen.**

sich aufbauen

A B C D E F G H I J K L M N O P Q R S T U V W X Y Z

still

still

- ruhig, leise, sachte, unhörbar, lautlos, tonlos, geräuschlos, bewegungslos, regungslos, reglos, friedlich, besinnlich, mucksmäuschenstill, totenstill

  Regungslos saßen meine Meerschweinchen in ihrem Häuschen.
  Nach der Hektik der Weihnachtseinkäufe verbrachten wir einen **besinnlichen** Adventssonntag.
- zurückhaltend, schweigsam, stumm, einsilbig, wortkarg, verträumt, nicht gesprächig

  Lakeisha kommt aus Russland und ist noch ziemlich **wortkarg.**

stören

- belästigen, behindern, beinträchtigen, erschweren, aufhalten, ablenken, unterbrechen, hereinplatzen, durchkreuzen, nerven, dazwischenfunken, lästig werden, zur Last fallen, auf den Wecker/ Geist gehen

  Die vielen Quallen **beeinträchtigen** unser Badevergnügen.
  Der dichte Nebel **erschwerte** unsere Orientierung.
  Heute wurde der Unterricht ständig von Durchsagen **unterbrochen.**
  Wenn mein Bruder nicht immer **dazwischenfunken** würde, könnte ich in Ruhe mein Buch weiterlesen.
- sich stören an: missfallen, widerstreben, anwidern, nicht gefallen, nicht passen, gegen den Strich gehen, ein Dorn im Auge sein

  Mir **widerstrebt** es gewaltig, neben Tina sitzen zu müssen.
  Das Tattoo meiner Schwester **gefällt** meiner Oma überhaupt **nicht.**
  Der Kampfhund unserer Nachbarn **ist** meiner Mutter **ein Dorn im Auge.**

Sophie **geht** es **gegen den Strich,** wenn ihr Bruder in ihren Sachen herumschnüffelt. Mit dieser Redewendung wird ausgedrückt, dass ihr das Verhalten ihres Bruders nicht gefällt. Mit „Strich" ist die Lage der Haare im Fell eines Tieres gemeint. Streichelt man z. B. eine Katze gegen den Strich, dann gefällt ihr das auch nicht.

stoßen

stoßen

- schubsen, wegdrücken, wegstoßen, abstoßen, umstoßen, rempeln, anrempeln, stupsen, kicken
  - Aus Versehen **schubste** Karo ihren Banknachbarn vom Stuhl.
  - Leo **rempelte** alle **an,** die ihm im Treppenhaus entgegenkamen.
- schmettern, prallen, schlagen, rammen
  - Im Dunkeln **prallte** Kai mit dem Kopf gegen die Wand.
  - Der Bauarbeiter **schlug** mit aller Kraft eine Stange in die Erde.
  - Das Schiff **rammte** die Hafenmauer.
- grenzen, angrenzen, anstoßen, sich reihen
  - Unsere Wohnanlage **grenzt an** ein riesengroßes Maisfeld.
  - In der mittelalterlichen Stadt **reiht sich** ein Fachwerkhaus ans andere.
- sich stoßen: sich anstoßen, anschlagen, sich prellen, sich verletzen
  - Der Briefträger **prellte sich** die Rippen, als er mit dem Fahrrad umkippte.

die Straße

- die Gasse, die Hauptstraße, die Nebenstraße, die Seitenstraße, die Umgehungsstraße, die Landstraße, die Schnellstraße, die Bundesstraße, die Autobahn, die Einbahnstraße, die Sackgasse, die Vorfahrtstraße, die Spielstraße, die Einkaufsstraße, die Fußgängerzone, die Allee, die Chaussee, die Promenade, der Boulevard, die Passstraße, die Gebirgsstraße, der Highway
  - Auf den prächtigen **Boulevards** haben die Straßencafés schon geöffnet.

a b c d e f g h i j k l m n o p q r s t u v w x y z

der Streit

der Streit

- die Meinungsverschiedenheit, die Auseinandersetzung, die Streitigkeit, der Konflikt, die Unstimmigkeit, die Reiberei, die Kabbelei, der Zwist, der Krach, der Ehekrach, der Knatsch, der Stunk, der Zoff, die Schlammschlacht

Im Wahlkampf liefern sich Politiker manchmal eine einzige **Schlammschlacht.** Das heißt nicht, dass sich die Politiker, wie manchmal die Fußballspieler, auf einem aufgeweichten Spielfeld bekämpfen. Sie tragen nur eine Meinungsverschiedenheit besonders unsachlich und mit herabsetzenden, kränkenden Äußerungen aus.

sich streiten

- sich zanken, aneinandergeraten, sich anlegen, sich zerstreiten, sich verkrachen, sich bekriegen, Streit/Krach bekommen, kabbeln, plänkeln, sich fetzen, sich in den Haaren liegen, sich in die Wolle kriegen

  Noch **plänkeln** die beiden Streithammel miteinander. Hoffentlich **geraten** sie nicht richtig **aneinander.**
- sich auseinandersetzen, ein Streitgespräch führen, diskutieren, unterschiedlicher Meinung sein

  Über den Bau des neuen Parkhauses **sind** die Bürger der Stadt **unterschiedlicher Meinung.**

Die Zwillinge **liegen** sich ständig **in den Haaren.** Das heißt, sie streiten sich immer wieder heftig. Die Redewendung ist sehr anschaulich. Sie zeigt, was man bei handgreiflichen Streitereien auf dem Schulhof tatsächlich beobachten kann: Kinder greifen sich gegenseitig in die Haare und reißen daran.

stur

- eigensinnig, eigenwillig, dickköpfig, unnachgiebig, uneinsichtig, hartnäckig, störrisch, starrsinnig, widerspenstig, bockig, verbohrt, verstockt, halsstarrig

  Trotz vieler Gespräche blieb unser Nachbar **uneinsichtig** und parkte weiterhin vor unserem Eingang.

  Hartnäckig arbeitete der Erfinder weiter an seiner Idee.

der Sturm

- der Wind, das Unwetter, der Orkan, der Hurrikan, der Taifun, der Tornado, der Blizzard, der Zyklon, der Wirbelsturm, der Schneesturm, der Sandsturm

  Einen heftigen Wirbelsturm in den Tropen nennt man **Zyklon,** die schweren Schneestürme im Nordamerika **Blizzards.**

- der Andrang, der Ansturm, der Run

  Der **Ansturm** der Käufer auf das attraktive Sonderangebot war enorm.

stürzen

- fallen, umfallen, hinfallen, einstürzen, umstürzen, umkippen, ausgleiten, zusammensinken, zu Boden fallen, den Halt verlieren, auf die Nase fallen, purzeln, hinfliegen, hinknallen

  Ich **glitt** auf dem nassen Laub **aus.**

  Nach der Sprengung **sank** das Hochhaus in sich **zusammen.**

  Am Ende der Saison **purzeln** die Preise.

- umkippen, umdrehen, aus einer Form herauslösen

  Wenn der Pudding fest ist, kann man die Form **umdrehen.**

- absetzen, entmachten, entthronen, davonjagen, von seinem Posten entfernen, der Ämter entheben

  Nach dem Skandal wurde der Politiker aller **Ämter enthoben.**

- sich stürzen: bestürmen, herfallen über, sich hermachen über, attackieren, losgehen auf

  Die Löwen **machten sich** gierig über ihre Beute **her.**

  Manchmal **attackieren** Krähen sogar Spaziergänger.

auf die Nase fallen

A B C D E F G H I J K L M N O P Q R S T U V W X Y Z

suchen

suchen

- durchsuchen, herumsuchen, heraussuchen, kramen, stöbern, durchstöbern, durchkämmen, wühlen, durchwühlen

  Suchmaschinen **durchkämmen** das Internet nach Informationen.

  Ich **durchwühlte** meine Tasche, konnte meinen Hausschlüssel aber nicht finden.

- forschen, nachforschen, aufspüren, fahnden, nachjagen, verfolgen, hinterher sein, recherchieren, auskundschaften, auf der Suche sein, Ausschau halten

  Die Beamten **fahndeten** nach den Hintermännern des Überfalls.

  Die Reporter unserer Schülerzeitung **recherchierten** lange zum Thema Taschengeld.

  Im August kann man nach Sternschnuppen **Ausschau halten.**

super

- hervorragend, einmalig, ausgezeichnet, großartig, fantastisch, prima, toll, irre, cool, genial, krass, fett, spitze, echt/einsame Spitze, mega-, hyper-

  Ausgezeichnete Idee!

  Es ist **irre,** wie viele Wörter es gibt für das, was einem gefällt.

  Das Model ist **hyper**schlank.

süß

- süßlich, gesüßt, honigsüß, zuckersüß, gezuckert, zuckerig

  Der Saft war stark **gezuckert.**

- entzückend, goldig, putzig, hinreißend, reizend, niedlich, zauberhaft, schnuckelig, wonnig, zum Anbeißen

  In ihrem neuen Kleid sieht meine Schwester **zauberhaft** aus.

  Babys sehen **zum Anbeißen** aus.

Symbol

- das Bild, das Zeichen, das Erkennungszeichen, das Wahrzeichen, das Emblem, das Kennzeichen, das Signal

  Der Eiffelturm ist das **Wahrzeichen** von Paris.

  Jede Bundesligamannschaft hat ihr eigenes **Emblem.**

T

die Tasche

die Ledertasche, die Strohtasche, die Handtasche, die Einkaufstasche, die Schultasche, die Mappe, die Aktentasche, die Hosentasche, die Jackentasche, die Ledertasche, die Brusttasche, die Geldtasche, der Beutel, der Shopper, der Rucksack, die Satteltasche, der Korb

der Täter, die Täterin

- die Übeltäterin, der Missetäter, der Bösewicht, die Gaunerin, der Halunke, der Schurke, der Bandit, die Diebin, der Einbrecher, die Bankräuberin, der Räuber, die Verbrecherin, der Entführer, die Attentäterin, der Terrorist, der Gewalttäter, der Mörder

  Wer war die **Missetäterin?**

  In Western spielte Eddie James gerne **Halunken** und **Schurken.**

teilen

- abgeben, geben, abtreten, überlassen, brüderlich/schwesterlich teilen

  Meine Schwester war sehr großzügig und **überließ** mir die Hälfte ihrer Süßigkeiten.

- trennen, aufteilen, unterteilen, zerteilen, zerlegen, zerschneiden, spalten, durchhauen, zerhacken, zerstückeln, vierteln, dritteln, halbieren, in Stücke schneiden, in Teile zerlegen

  Der schwere Schrank muss vor dem Transport **zerlegt** werden.

  Der Blitz hatte den Baum in der Mitte **gespalten.**

  Eine Fernsehserie ist eine in viele Folgen **zerstückelte** Geschichte.

- dividieren, in gleiche Teile zerlegen

  18: 3 = 6

- sich teilen: sich gabeln, sich verzweigen, abgehen, abzweigen

  Da, wo sich dicke Äste **gabeln,** kann man ein Baumhaus bauen.

  Wir warten dort, wo der Weg von der Hauptstraße **abzweigt.**

teuer

- kostbar, wertvoll, kostspielig, aufwendig, unbezahlbar, unerschwinglich, viel wert, nicht zu bezahlen

  Besuche in Freizeitparks sind tolle, aber **kostspielige** Ausflüge.
- teuer sein: ins Geld gehen, einen stolzen Preis haben, ein Vermögen kosten, viel kosten, eine ganze Stange Geld kosten, teuer kommen, ein Heidengeld kosten

  Die hohen Benzinpreise **gehen** ganz schön **ins Geld.**

Die Sturmschäden werden die Versicherungen **eine Stange Geld** kosten. Der Sturm wird also sehr teuer für die Versicherungen. Dieser Ausdruck ist dadurch entstanden, dass die Bank Geldstücke zu Rollen zusammenpackt. Diese Geldrollen nannte man früher auch Geldstangen.

toll

- unglaublich, außergewöhnlich, ungewöhnlich, fantastisch, großartig, fabelhaft, traumhaft, herrlich, super, cool, stark, wahnsinnig, irre, spitzenmäßig, klasse, stark, nicht zu glauben

  In der Zeitung stand eine **unglaubliche** Geschichte.

  Asli hat ihre schwarzen Haare zu einem **ungewöhnlichen** Zopf geflochten.

  Mein neues Fahrrad finde ich **spitzenmäßig.**

tot

- gestorben, verstorben, umgekommen, ums Leben gekommen, verendet, eingegangen, abgestorben

  Mein **verstorbener** Opa war ein guter Bergsteiger.

  Auf der Lichtung lag ein **verendetes** Reh.

  Durch die Trockenheit ist der Baum völlig **abgestorben.**
- menschenleer, unbewohnt, ausgestorben, verlassen, leer, geisterhaft, öde

  Abends ist in der kleinen Stadt nichts mehr los. Sie wirkt wie **ausgestorben.**
- stillgelegt, nicht nutzbar, ungenutzt, nicht mehr brauchbar

  Stillgelegte Gleise nennt man auch tote Gleise.

tragen

total

- völlig, vollständig, vollkommen, absolut, vollauf, durchweg, rundherum, restlos, von oben bis unten, ganz und gar, durch und durch, von Kopf bis Fuß

  Ich habe meine Gitarrenstunde **völlig** vergessen.
  Ramin hat **vollkommen** recht, wenn er sich gegen die Hänseleien seiner Klassenkameraden wehrt.
  Von meinem neuen Zimmer bin ich **restlos** begeistert.
  Als Lilli vom Spielplatz kam, war sie **von Kopf bis Fuß** verdreckt.

- sehr, außerordentlich, ungewöhnlich, echt, super-

  Der Typ ist **echt** süß.

tragen

- schleppen, befördern, bepackt sein, mit sich führen, transportieren, auf den Arm nehmen, auf die Schultern nehmen, huckepack nehmen, halten, stützen

  Gemeinsam **schleppten** wir die vielen Tüten in unsere Wohnung.
  Weil Julchen müde war, **nahm** Papa sie **huckepack.**
  Ein dicker Pfosten **stützt** den Ast, der unter der Last der vielen Äpfel abzubrechen droht.

- anhaben, umhaben, aufhaben, sich kleiden, auf dem Kopf haben

  Die Freundin meiner Schwester **kleidet sich** am liebsten schwarz.

- ertragen, auf sich nehmen, aushalten, erdulden, übernehmen müssen

  Mit bewundernswerter Geduld **ertrug** Alex die Untersuchung.
  Für unsere Meerschweinchen **müssen** wir die Verantwortung **übernehmen.**

wagen

sich trauen

- sich getrauen, wagen, riskieren, den Mut haben, sich erlauben, die Stirn haben

    Ich **riskiere** es lieber nicht, in deine Nähe zu gehen, weil du so schrecklich erkältet bist.

    Eine Schülerin **hatte die Stirn,** bei den Prüfungen ihren Spickzettel im Klo zu verstecken.

träumen

- einen Traum haben

    Heute Nacht **hatte** ich **einen** schönen **Traum.**

- sich erträumen, sich wünschen, sich ausmalen, sich einbilden, sich vorstellen, Luftschlösser bauen, hoffen, herbeiwünschen, sich sehnen, schwärmen

    Ich **male mir aus,** dass ich ein Pony haben und darauf über die Wiesen reiten werde.

    Nach der Klassenfahrt **sehnte sich** unsere Lehrerin nach einer ruhigen Nacht.

- abwesend sein, unaufmerksam sein, nicht aufpassen, vor sich hin dösen, ganz in Gedanken sein, mit seinen Gedanken woanders sein, mit offenen Augen schlafen, nicht bei der Sache sein

    „Du **schläfst** ja **mit offenen Augen!“,** sagte mein Vater, als ich über meine Schuhe stolperte.

Lise und Julia lagen im Gras und **bauten Luftschlösser.** Wer Schlösser in die Luft baut, stellt sich etwas Schönes vor, das wahrscheinlich nie Wirklichkeit werden wird.

a b c d e f g h i j k l m n o p q r s t u v w x y z

traurig

- unglücklich, bekümmert, betrübt, bedrückt, niedergeschlagen, enttäuscht, hoffnungslos, wehmütig, untröstlich, geknickt, todtraurig, verzweifelt, am Boden zerstört, wie ein Häufchen Elend, nicht gut drauf

  Über seine vielen Fehler im Diktat war Nick **enttäuscht.** Er hatte so lange geübt!

  Wenn meine Oma von ihrem verstorbenen Mann erzählt, lächelt sie immer ein bisschen **wehmütig.**

  Mein kleiner Bruder saß **wie ein Häufchen Elend** in der Ecke, als Papa ein paar Minuten zu spät in den Kindergarten kam.
- schmerzlich, bitter, hart, beklagenswert, trostlos, jämmerlich, kümmerlich, armselig, erbärmlich, mickrig

  Der Tod seines Kaninchens war für Ole eine **schmerzliche** Erfahrung.

  Der Spielplatz befand sich in einem **erbärmlichen** Zustand, bis die Anwohner sich darum kümmerten.
- traurig sein: unglücklich sein, leiden, sich Gedanken/Sorgen machen, schwernehmen, Trübsal blasen, zum Heulen zumute sein, den Kopf/die Ohren hängen lassen

  Die schlechte Note ist doch kein Grund, **Trübsal** zu **blasen!**

treffen

- ein Ziel treffen, den Ball/ins Tor/den Korb/die Zielscheibe treffen

  Der Stürmer hat in dieser Saison schon 14-mal **ins Tor getroffen.**
- begegnen, stoßen auf, über den Weg laufen, in die Arme laufen, antreffen, vorfinden

  Zufällig **begegnete** ich beim Einkaufen meinem Trainer.

  Morgens **laufen** mir immer dieselben Leute **über den Weg.**

  Als meine Eltern nach Hause kamen, **fanden** sie uns schlafend auf dem Sofa **vor.**
- sich treffen: sich verabreden, sich wiedersehen, sich versammeln, sich einfinden, zusammenkommen, zusammenlaufen, zusammensitzen

  Heute Nachmittag **habe** ich **mich** mit meinem Freund **verabredet.**

  Bei der Hochzeit meiner Tante **fand sich** die ganze Familie **ein.**

  Zum Feuerwerk **liefen** viele Menschen auf dem Marktplatz **zusammen.**

trennen

trennen

- entfernen, abtrennen, abnehmen, ablösen, abschneiden, durchschneiden, zerlegen, auseinanderreißen, absondern, isolieren, abgrenzen, abkoppeln

  Mit einem spitzen Messer **löst** der Metzger das Fleisch vom Knochen **ab.**
  Wörter kann man in Silben **zerlegen.**
  Bei Ansteckungsgefahr müssen kranke Tiere **isoliert** werden.
  Der Bahnarbeiter **koppelte** die Lok vom Wagen **ab.**

- sich trennen: auseinandergehen, sich verabschieden, verlassen, sich scheiden lassen, Abschied nehmen, Schluss machen, getrennte Wege gehen

  Die beiden Mannschaften **gingen** mit dem Ergebnis 0:0 **auseinander.**
  Vickis Eltern **haben sich scheiden lassen.**

trinken

- austrinken, den Durst löschen/stillen, das Glas leeren, hinunterspülen, hinunterkippen, nippen, schlürfen, süffeln, picheln, zechen, bechern, saufen

  Tims Durst war so groß, dass er das Glas Wasser in einem Zug **hinunterkippte.**
  Um mir die Zunge nicht zu verbrennen, **schlürfte** ich meinen heißen Kakao vorsichtig.
  Wir **süffelten** genüsslich unser selbst gemixtes Getränk.
  Bei großer Hitze müssen Kühe viel Wasser **saufen.**

trocken

- eingetrocknet, ausgetrocknet, vertrocknet, ausgedörrt, verdorrt, dürr, verwelkt, staubtrocken, knochentrocken

  Durch die lang anhaltende Hitze war der Boden völlig **ausgedörrt.**
  Dürre Äste brennen leicht.

trödeln

- herumtrödeln, langsam arbeiten/sein, sich Zeit lassen, Zeit vertrödeln

  Meine Mutter kriegt Zustände, wenn ich morgens **herumtrödle.**

- schlendern, bummeln, trotten, zuckeln

  Ohne festes Ziel **bummelten** wir durch die Straßen und schauten uns die Auslagen der Geschäfte an.
  Nach der langen Wanderung **zuckelten** wir müde nach Hause.

trösten

- aufheitern, aufmuntern, ermutigen, ermuntern, beruhigen, beschwichtigen, gut zureden, wieder aufrichten, Trost spenden, Mut zusprechen

  „Alles halb so schlimm!", **beschwichtigte** mich mein kleiner Bruder, nachdem er mein Comic-Heft zerrissen hatte.
  Wenn etwas schiefgeht, braucht man jemanden, der einen **wieder aufrichtet.**

trotzdem

- dennoch, obwohl, doch, nun gerade, nun erst recht, trotz alledem

  Ich hatte Geburtstag, **trotzdem** musste ich zur Schule gehen.
  Wir wissen genau, dass wir nichts an die Tafel kritzeln sollen. Wir tun es **dennoch.**
  Obwohl ich Geburtstag hatte, musste ich zur Schule gehen.

trotzig

- eigensinnig, eigenwillig, widerspenstig, widerborstig, aufsässig, störrisch, bockig, verbockt, dickköpfig, trotzköpfig, starrköpfig, halsstarrig

  Wenn kleine Kinder ihren Willen nicht kriegen, können sie ganz schön **störrisch** sein.
  Starrköpfig beharrte Julius auf seiner Meinung.

a b c d e f g h i j k l m n o p q r s t u v w x y z

tun

- machen, sich beschäftigen, handeln, tätig sein, arbeiten, ausführen, durchführen, erledigen, sich dahinterklemmen, anstellen, leisten, schaffen, verrichten, unternehmen, vollbringen, bewirken, zustande bringen

  Kai **beschäftigt sich** ungern allein.

  Wir haben nun lange genug diskutiert. Jetzt muss **gehandelt** werden.

  Ich muss heute noch für die Schule **arbeiten.**

  Kann ich etwas für dich **erledigen?**

  Wenn Jana beim Kindermarathon mitlaufen will, dann muss sie **sich** gewaltig **dahinterklemmen.**

  Wir träumen alle davon, irgendwann einmal etwas Großartiges zu **vollbringen.**
- legen, packen, schieben, stellen, stecken, setzen

  Steck das Buch in deine Tasche!
- funktionieren, gehen, arbeiten, laufen, funktionstüchtig sein

  Der Fernseher **geht** nicht.

üben

- wiederholen, trainieren, sich einprägen, proben, einüben, einstudieren, büffeln, pauken, bimsen, sich auf den Hosenboden setzen

  Ümit **probte** seinen Auftritt x-mal.

Das Einmaleins muss man einfach **bimsen,** da hilft nichts. „Bimsen" geht auf das Wort Bimsstein zurück. Der Bimsstein ist ein leichter, rauer Vulkanstein, mit dem man dicke Kalkränder und Schmutzablagerungen abrubbeln kann. In der Soldatensprache stand das Wort bimsen für hartes militärisches Training. Und um viel Training geht es schließlich auch beim Einmaleinslernen.

überrascht

- erstaunt, verwundert, verblüfft, verdutzt, fassungslos, sprachlos, entgeistert, verdattert, geplättet, baff

  Fassungslos nahm ich den ersten Preis im Mathematikwettbewerb entgegen.

- überrascht sein: sich wundern, staunen, keine Worte finden, aus dem Staunen nicht mehr herauskommen, aus allen Wolken fallen, große Augen machen, seinen Augen nicht trauen, von den Socken sein, mit den Ohren schlackern

  Wir **waren** alle **von den Socken,** als die schüchterne Kira vom Dreimeterbrett sprang.

unfair

- ungerecht, regelwidrig, unkameradschaftlich, unsportlich, unanständig, schäbig, fies, mies, schofel

  Die Spieler wurden von ihrem Trainer ermahnt, sich nicht **regelwidrig** zu verhalten.

der Unfall

- der Unglücksfall, das Unglück, der Zusammenstoß, der Zusammenprall, die Kollision, die Karambolage, die Havarie

  Das Schiff wurde bei der **Havarie** schwer beschädigt und drohte zu sinken.

unfreundlich

- abweisend, ablehnend, kühl, barsch, schroff, spitz, unaufmerksam, unhöflich, frech, beleidigend, unverschämt, übel gelaunt, mürrisch, muffig, grantig, patzig, kratzbürstig, zugeknöpft, kurz angebunden

  Der Busfahrer wies uns **barsch** zurecht, als wir auf der falschen Seite einstiegen.

  Der Politiker wirkte beim Interview ziemlich **mürrisch** und **zugeknöpft.**

  Egon gab unserem Lehrer eine **patzige** Antwort.

  Wenn meine Schwester schlecht gelaunt ist, kann sie ganz schön **kratzbürstig** sein.

- bedeckt, bewölkt, kalt, regnerisch, verhangen, wolkig, trübe

  Im November ist oft **trübes** Wetter.

a b c d e f g h i j k l m n o p q r s t u v w x y z

ungefähr

- etwa, circa, rund, schätzungsweise, grob gerechnet, vielleicht, nicht genau, beinahe, fast, über den Daumen gepeilt

  Rund hundert Kinder und Erwachsene nahmen an unserer Umweltaktion teil.

  Grob gerechnet wird unser Klassenausflug zehn Euro für jeden kosten.

Über den Daumen gepeilt werden beim Schulfest vierhundert Euro Spenden zusammenkommen. Diese Redewendung stammt aus dem Militär- und Seewesen, wo der Daumen als Hilfsmittel beim Abschätzen von Entfernungen verwendet wird. Man findet den Daumen als ungefähres Maß auch in den Wörtern daumenbreit und daumengroß.

ungerecht

- unfair, einseitig, parteiisch, befangen, unsachlich

  Die Entscheidung des Schiedsrichters war **parteiisch.**

das Unglück

- der Unfall, das Missgeschick, die Panne, der Unglücksfall, die Katastrophe, das Desaster, die Tragödie, das Zugunglück, das Schiffsunglück, das Flugzeugunglück

  Ein Häufchen auf der Treppe! Ist Waldi wieder ein **Missgeschick** passiert?

  Der Start der Raumfähre endete in einem furchtbaren **Desaster.**

  Gestern spielte sich im Zoo vor den Augen der Besucher eine **Tragödie** ab.

- das Pech, das Elend, der Jammer, das Leid, die Trauer, der Schicksalsschlag

  Kriege bringen viel **Leid** über die Menschen.

nicht geheuer

unglücklich

- traurig, bedrückt, betrübt, bekümmert, untröstlich, tränenüberströmt, niedergeschlagen, enttäuscht, mutlos, verzagt, verzweifelt, hoffnungslos, erschüttert, geknickt, todunglücklich, kreuzunglücklich, deprimiert

  Sina ist **untröstlich,** weil sie Liebeskummer hat.

  Daniel macht einen **niedergeschlagenen** Eindruck, seit sein Freund weggezogen ist.

- erbärmlich, kümmerlich, armselig, jämmerlich, kläglich, bedauernswert, bemitleidenswert

  Im Interview erzählte der **bemitleidenswerte** Kranke von seinem Schicksal.

- verhängnisvoll, folgenschwer, unglückselig, widrig, ungünstig, unerfreulich, ausweglos, schlimm, tragisch

  Durch einen **unglückseligen** Sturz beim Volleyball hat sich Emre den Arm gebrochen.

  Widrige Umstände führten dazu, dass wir den Zug verpassten.

  Der Schneesturm brachte die Bergsteiger in eine **ausweglose** Lage.

unheimlich

- geheimnisvoll, schaurig, schauerlich, gespenstisch, gruselig, unbehaglich, nicht geheuer, zum Fürchten

  Max liebt es, wenn Papa ihm **schaurige** Geschichten vorliest.

  Mir ist **unbehaglich,** wenn ich abends allein im Haus bin.

  Weil sie mir **nicht geheuer** sind, meide ich dunkle Unterführungen.

- sehr, außerordentlich, ungewöhnlich, besonders, enorm, unendlich, wahnsinnig, ungeheuer

  Der Kölner Dom ist **ungeheuer** groß.

unten

- unter etwas, untendrunter, unterhalb, am unteren Ende, an der Unterseite, auf dem Boden, in der Tiefe, auf dem Grund, auf der Erde

  Vielleicht liegt dein Heft **untendrunter.** Schau mal in dem Stapel nach.

  Die Skala eines Thermometers zeigt **am unteren Ende** die Minusgrade.

  Das Meer wird **in der Tiefe** immer dunkler und kälter.

  Auf dem Grund der Regentonne sammeln sich Sand und Erde.

untergehen

- sinken, absinken, niedersinken, untertauchen, absacken, verschwinden, hinter dem Horizont verschwinden
  Plötzlich kippte das Boot um und **sackte ab.**
  Die Sonne **verschwand** rot glühend **hinter dem Horizont.**
- zugrunde gehen, zerstört/vernichtet werden, sich auflösen, zerfallen, zu Ende gehen
  Im Laufe der Geschichte **sind** viele Kulturen **vernichtet worden.**

unvorsichtig

- unaufmerksam, unachtsam, unbedacht, unüberlegt, gedankenlos, leichtsinnig, leichtfertig, sorglos, unbekümmert, leichtgläubig, vertrauensselig, fahrlässig, nachlässig
  Leichtfertig setzte die Mannschaft ihren Sieg aufs Spiel.
  Unbekümmert spielten die Kinder auf der Straße.
  Im Dunkeln ohne Licht Rad zu fahren ist **fahrlässig.**

V

vergessen

- sich nicht erinnern, nicht (im Kopf) behalten, sich nicht merken, nicht mehr wissen, sich nicht entsinnen, nicht kommen auf, nicht mehr einfallen, entfallen, verlernen, aus der Übung kommen
  Es tut mir leid, ich habe deinen Namen **nicht behalten.**
  Der Name der Straße **ist** mir **entfallen.**
  Mein Opa **hat** schon wieder **verlernt,** wie man mailt.
- nicht mehr denken an, liegenlassen, stehenlassen, zurücklassen, versäumen, warten lassen, nicht einhalten, ein Versprechen nicht einhalten, versetzen, verschwitzen, verschlafen, verschlampen, verschludern, verbummeln, verschusseln
  Miro **hat** mich **versetzt** und kam nicht zu unserer Verabredung.
  Jette **hat** den Termin beim Zahnarzt **verschwitzt.**

verkehrt

- falsch, fehlerhaft, unrichtig, unwahr, unzutreffend, unkorrekt, seitenverkehrt, verkehrt herum

  Die Antwort war völlig **unzutreffend.**
  Mein Vater zeigte alle Dias **seitenverkehrt.**
  Du hast deinen Pullover **verkehrt herum** angezogen.

verlassen

- aufbrechen, davongehen, sich entfernen, fortgehen, weggehen, sich abwenden, verschwinden, abhauen, allein lassen, sich trennen, im Stich lassen, Schluss machen, verduften

  Paul **entfernte sich** heimlich vom Schulhof, um Süßigkeiten zu kaufen.
  Meine Oma sagt immer: „Menschen in Not darf man nicht **allein lassen.**"
  Cem wollte den Verein wechseln, aber er konnte doch seine Mannschaft nicht **im Stich lassen.**
  Meine Schwester **hat** mit ihrem Freund **Schluss gemacht.**

- sich verlassen auf: sich stützen auf, vertrauen, zählen auf, rechnen mit

  Auf meine Eltern kann ich mich hundertprozentig **verlassen.**
  Meine Eltern **zählen darauf,** dass wir keinen Unsinn machen, wenn sie weg sind.

verliebt

- vernarrt, verrückt nach, betört, entflammt, bis über beide Ohren verliebt, im siebten Himmel, verschossen, verknallt

  Lisa war von Franks Liebesgeflüster völlig **betört.**

Mit Vanessa ist nichts mehr anzufangen, seit sie **bis über beide Ohren** in ihren Märchenprinzen **verliebt ist.** Frisch verliebte Menschen können meistens an nichts anderes mehr denken als an ihre neue Liebe. Für ihre Umwelt sind sie dann rettungslos verloren. Darauf geht auch die Redewendung zurück. Denn wer im Wasser oder Sumpf bereits über beide Ohren versunken ist, dem ist kaum noch zu helfen.

verlieren

- besiegt werden, unterliegen, eine Niederlage erleiden, scheitern, sich geschlagen geben, den Kürzeren ziehen, klein beigeben, schlappmachen

  Bei diesem Spiel **zog** unsere Mannschaft **den Kürzeren,** aber wir hoffen auf das Rückspiel.

- verlegen, verkramen, verbummeln, verschlampen, verschludern, verschusseln

  Tom **hat** seine neue Kappe auf dem Schulweg **verloren.**
  Juri **hat** mal wieder seinen Fahrradschlüssel **verschludert.**

- genommen bekommen, abhandenkommen, loswerden, einbüßen, verloren gehen, abwerfen

  Als der Laden schließen musste, **haben** alle Mitarbeiter ihre Arbeitsplätze **verloren.**
  Der Unternehmer **büßte** durch leichtsinnige Geschäfte sein ganzes Vermögen **ein.**
  Die Bäume **werfen** im Herbst ihre Blätter **ab.**

verraten

- herumerzählen, weitererzählen, weitergeben, weitersagen, sich verplappern, ausplaudern, anzeigen, petzen, verpetzen, nicht dichthalten, Verrat begehen, untreu werden, die Treue brechen, in den Rücken fallen, aus dem Nähkästchen plaudern, hochgehen lassen, auspacken, verpfeifen

  Meikes Freundin **hat** alle ihre Geheimnisse **ausgeplaudert.**
  Als der Zeuge endlich **auspackte,** gab es einen großen Skandal.

In der Talkshow plauderte die Darstellerin hemmungslos **aus dem Nähkästchen.** Diese Redewendung geht wahrscheinlich darauf zurück, dass die Frauen früher meist beim Nähen zusammengesessen haben und dabei oft kleine Geheimnisse austauschten. Wenn eine Frau aus dieser Runde etwas weitererzählte, plauderte sie aus, was eigentlich nur in diesen kleinen Kreis gehörte – so wie das Nähzeug im Nähkästchen.

verrückt

- unvernünftig, unsinnig, merkwürdig, sonderbar, seltsam, eigenartig, auffällig, ausgefallen, ungewöhnlich, außergewöhnlich, originell, kreativ, komisch, überdreht, ausgeflippt, spleenig, flippig, schräg, durchgedreht, übergeschnappt, durchgeknallt, crazy

  Nathalie kleidet sich immer etwas **ausgefallener** als andere.
  Eine Reise mit meiner Tante ist immer aufregend, weil sie **originelle** Einfälle hat.

verschieden

- anders, unterschiedlich, ungleich, abweichend, verschiedenartig

  Jeder in unserer Klasse geht **anders** an seine Hausaufgaben heran.
  In unserer Rechenkonferenz gab es viele voneinander **abweichende** Lösungsvorschläge.

verschwinden

- sich entfernen, fortgehen, weggehen, davongehen, davonlaufen, sich wegstehlen, flüchten, ausbüxen, Reißaus nehmen, sich aus dem Staub machen, sich verziehen, sich verdrücken, abschwirren

  Der Gangster **flüchtete** vor seinen Verfolgern über die Grenze.
  Die Regenwolken **verzogen sich** und die Sonne kam heraus.

- verlorengehen, unauffindbar sein, abhandenkommen, wegkommen, verschütt gehen

  Beim letzten Umzug ist einiges **verschütt gegangen.**
  Auf unserer Reise ist mein Kuscheltier **weggekommen.**

A B C D E F G H I J K L M N O P Q R S T U V W X Y Z

verstehen

- hören, mitbekommen, vernehmen, mitkriegen
  Wir **bekamen** nichts **mit,** weil Juri so leise sprach.
- begreifen, kapieren, erfassen, erkennen, folgen können, durchschauen, mitreden können, dahinterkommen, einsehen, schnallen, checken, dämmern
  Endlich **habe** ich **begriffen,** wie man an Sachaufgaben herangeht.
  Emil erzählte einen Witz, dem ich nicht **folgen konnte.**
  „Da **kannst** du nicht **mitreden**", raunzte Leonie mich an.
  Endlich **bin** ich **dahintergekommen,** wie man Hunde erzieht.
  Ich **sah** nicht **ein,** dass meine Schwester länger aufbleiben durfte.
- Verständnis haben, mitfühlen, sich einfühlen, nachempfinden können, sich hineindenken, sich vorstellen können
  Mama **fühlt** immer **mit,** wenn ich Kummer habe.
  Ich **kann nachempfinden,** wie fremd Lisa sich in ihrer neuen Klasse fühlt.
- sich verstehen: sich vertragen, gut auskommen, sich ergänzen, übereinstimmen, aufeinander eingespielt sein, ein Herz und eine Seele sein, gut miteinander können
  Manche Traumpaare **ergänzen sich.** Was dem einen fehlt, hat vielleicht der andere.
  Uli und ihre Kollegin Ute **sind** gut **aufeinander eingespielt.**
  Unser Hund und unsere kleine Katze **können gut miteinander.**

folgen können

verzeihen

- vergeben, entschuldigen, nachsehen, nicht nachtragen, nicht übelnehmen, Verständnis zeigen, durchgehen lassen, nicht krummnehmen, ein Auge zudrücken

  Der Schiedsrichter **ließ** das Foul nicht **durchgehen.**

„Da muss ich wohl **ein Auge zudrücken"**, sagte der Polizist lachend, als ich bei der Fahrradprüfung einen winzigen Fehler machte.
Polizisten müssen eigentlich beide Augen weit aufmachen, um überall für Recht und Ordnung zu sorgen. Kleine Fehler übersehen aber auch sie oft wohlwollend. Dafür müssen sie allerdings im übertragenen Sinn ein Auge zudrücken.

viel

- allerlei, manches, einiges, vieles, vielerlei, Verschiedenes, allerhand, alles Mögliche, reichlich, eine Menge, in großer Menge/Zahl, eine Masse, eine Stange, in Massen, massenhaft, mehr als genug, wie Sand am Meer, in Hülle und Fülle

  Bevor die Gäste kommen, gibt es noch **alles Mögliche** zu tun.
  Im Herbst liegt **eine Menge** Laub auf der Straße.
  Nach dem Faschingsumzug lag **massenhaft** Konfetti auf der Straße.
  Diese T-Shirts sind nichts Besonderes. Es gibt sie hier **wie Sand am Meer.**

- erheblich, bedeutend, deutlich, wesentlich, eine gutes Stück

  Die Ausgrabungen sind **erheblich** älter als bisher vermutet.
  Uli brauchte für ihre Arbeit **wesentlich** mehr Zeit, als sie eingeplant hatte.
  Mit unserer Projektarbeit kamen wir heute ein **gutes Stück** weiter.

vielleicht

- möglicherweise, eventuell, vermutlich, wahrscheinlich, voraussichtlich, unter Umständen, wohl; es ist nicht auszuschließen/es kann sein/es besteht die Möglichkeit, dass

  Möglicherweise war ein defektes Kabel der Grund für den Brand.
  Es ist nicht auszuschließen, dass es mit den Ferien auf dem Ponyhof doch noch klappt.

voll

- gefüllt, angefüllt, ausgefüllt, randvoll, zum Überlaufen, belegt, besetzt, ausverkauft, gestopft voll, zum Bersten voll, proppenvoll, rappelvoll
  Es ist schwierig, aus einem **randvollen** Glas zu trinken.
  Das Theater ist bis zum letzten Platz **ausverkauft.**
  Die U-Bahn war mal wieder **zum Bersten voll.**
- sehr, völlig, ganz, mit voller Wucht
  Unsere Lehrerin hat sich **sehr** für uns eingesetzt.
  Meine Mutter trat vor Schreck **mit voller Wucht** auf die Bremse.

vorbei

- vergangen, vorüber, beendet, zu Ende, abgeschlossen, überwunden
  Wie warten unter der Brücke, bis der Wolkenbruch **vorüber** ist.
  Die Pause ist **beendet.**
  Nachdem der erste Schreck **überwunden** war, konnte der Radfahrer ganz ruhig den Unfall schildern.

vorn/vorne

- vorne, voraus, an der Spitze, vorneweg, vor den anderen, vornedran
  Unser Hund rennt immer **voraus.**
- auf der Vorderseite, im Vordergrund, im vorderen Teil
  Wir haben Plätze **im vorderen Teil** des Kinos.

vorsichtig

- behutsam, sachte, sanft, rücksichtsvoll, sorgfältig, sorgsam, liebevoll, gewissenhaft, wie ein rohes Ei
  Hassan wiegte sein neugeborenes Schwesterchen **sachte** hin und her.
  Meine Schwester ist sehr empfindlich. Manchmal muss man sie **wie ein rohes Ei** behandeln.
- wachsam, ängstlich, kritisch, zaghaft, zurückhaltend, unsicher, misstrauisch, skeptisch, argwöhnisch, auf der Hut
  Mein Vater steht unserem Plan, alleine eine Fahrradtour zu machen, **skeptisch** gegenüber.
  Der Kioskverkäufer musterte uns **argwöhnisch,** als wir in den Comicheften blätterten.

wach

- ausgeschlafen, munter, frisch, hellwach, halbwach, aufgekratzt, auf, senkrecht im Bett

  Nach einer Pause ist mein Vater wieder **frisch** genug, um sich hinter das Steuer zu setzen.

  Nach der langen Busfahrt war die Klasse müde und **aufgekratzt** zugleich.

  Inge ist morgens immer schon früh **auf.**

  Nach dem Donnerschlag heute Nacht saß ich **senkrecht im Bett.**

- schlau, aufgeweckt, aufgeschlossen, lebendig, aufmerksam, interessiert, gewitzt, pfiffig, gescheit, helle, clever

  Amelie ist ein **aufgewecktes** und selbstständiges kleines Mädchen.

  Das Baby schaut mich **aufmerksam** an.

wachsen

- größer/dicker/höher/länger werden, in die Höhe schießen, sich entwickeln, zunehmen, sich ausbreiten, sich ausdehnen, sich vergrößern, sich steigern, sich verstärken

  Meinem Bruder sind alle Hosen zu kurz, weil er plötzlich **in die Höhe geschossen ist.**

  Das Baby **entwickelt sich** prächtig.

  Der Verkehr auf den Landstraßen **nahm** in der letzten Zeit stark **zu.**

- keimen, sprießen, ausschlagen, treiben, aufgehen, aufblühen, reifen, wuchern, anwachsen, gedeihen

  An den Zweigen **sprießen** die ersten Blättchen.

  In unserem Vorgarten **wuchert** das Unkraut.

wackeln

- lose/locker sein, nicht fest sein, glibbern, schwabbeln

  Mein Backenzahn **ist locker.**

  Der Pudding **schwabbelt** auf dem Teller.
- hin und her bewegen, rütteln, schütteln, rappeln, schwingen, schlenkern, schaukeln, wippen, kippeln, zappeln, hampeln, schlackern, beben, zittern, erzittern

  Nachts **rüttelte** der Sturm am Fensterladen.

  Mira sitzt auf der Schaukel und **schlenkert** vergnügt mit den Beinen.

  Die Gliedmaßen einer Marionette **schlackern** an dünnen Fäden.

  Bei einem Erdbeben **erzittert** die Erde.

der Wagen

- das Gefährt, der Karren, der Anhänger, das Pferdegespann, das Pferdefuhrwerk, die Kutsche, die Droschke, der Planwagen, der Wohnwagen, der Leiterwagen, der Bollerwagen, der Kinderwagen, der Handwagen, der Einkaufswagen

  Touristen mieten für ihre Rundfahrt einen **Planwagen,** der von zwei kräftigen Pferden gezogen wird.
- der Waggon, der Eisenbahnwagen, der Straßenbahnwagen, der S-Bahn-Wagen, der U-Bahn-Wagen, der Niederflurwagen, der Großraumwagen, der Gepäckwagen, der Schlafwagen, der Liegewagen, der Speisewagen, der Güterwagen

  In einen **Niederflurwagen** kann man leicht einsteigen, weil sich sein Boden auf der Höhe des Bahnsteigs befindet.
- das Fahrzeug, das Auto, der Kraftwagen, der Pkw, der Lkw

wahr

- glaubhaft, zutreffend, wahrheitsgetreu, richtig, belegt, den Tatsachen/der Wahrheit/der Wirklichkeit entsprechend, tatsächlich, wirklich

  Die Geschichte, die uns Felix erzählte, war **glaubhaft.**

  Anna beherrschte sich und unterdrückte tapfer ihre **wirklichen** Gefühle.

während

• als, zur selben Zeit, gleichzeitig, unterdessen, im Verlauf, solange

Während wir noch schliefen, holte unser Vater die Koffer vom Dachboden.

Wir packten das Auto, **unterdessen** schaute meine Mutter schon mal in die Karte.

warm

• mild, sonnig, heiß, schwül, lau, lauwarm, handwarm, geheizt, mollig, behaglich, durchwärmt, aufgewärmt

In **lauen** Sommernächten kann man im Freien übernachten.

Wenn man aus der Kälte kommt, freut man sich auf eine **geheizte** Wohnung.

Meine Winterjacke ist schön **mollig.**

Eine Frikadelle schmeckt mir **aufgewärmt** besser als kalt.

• warmherzig, freundlich, herzlich, freundschaftlich, angenehm

Die Austauschschule bereitete uns einen **herzlichen** Empfang.

Wir strichen unser Klassenzimmer in **angenehmen** Farben.

warum

• weshalb, wieso, weswegen, wozu, wofür, zu welchem Zweck

Ich frage mich, **wofür** ich diese Aufgaben machen muss.

Zu welchem Zweck muss ich morgens mein Bett machen, wenn ich abends sowieso wieder darin schlafe?

zittern

waschen

- reinigen, säubern, saubermachen, abwaschen, auswaschen, herauswaschen, ausspülen, den Schmutz entfernen, schrubben, bürsten, die Wäsche machen, in die Maschine stecken

  Früher **machte** man **die Wäsche** mit der Hand, heute **steckt** man sie **in die Maschine.**

  Die alten Blumentöpfe **haben** wir lange **geschrubbt,** bevor wir sie neu bepflanzten.

- sich waschen: sich einseifen, sich abseifen, duschen, baden, sich abbrausen, ein Bad nehmen, Katzenwäsche machen

Weil es spät geworden war, **machten** wir gestern Abend nur **Katzenwäsche.** Diese Redewendung bedeutet, dass man sich nur kurz und flüchtig wäscht. Sie beruht auf der Beobachtung, dass Katzen ihr Fell durch rasches Ablecken reinigen. Das machen sie allerdings sehr gründlich und gelten deshalb eigentlich als saubere Tiere.

das Wasser

- die Flüssigkeit, der Niederschlag, der Regen, das Trinkwasser, das Leitungswasser, das Quellwasser, das Brunnenwasser, das Regenwasser, das Grundwasser, das Kaltwasser, das Warmwasser, das Süßwasser, das Salzwasser, das Brackwasser, das Mineralwasser, das Sprudelwasser, das Hochwasser, das Schmelzwasser, das Schmutzwasser, das Abwasser

  Brackwasser ist eine Mischung aus **Süß-** und **Salzwasser.**

- das Gewässer, der Fluss, der Bach, der Teich, der Tümpel, der Weiher, der See, das Meer

  Die **Gewässer** der Nationalparks sind für Motorboote gesperrt.

  Im Hochsommer trocknet der kleine **Tümpel** im Stadtwald immer aus.

weg

- fort, hinweg, verschwunden, sonst wo, über alle Berge

  „**Fort** damit!", schimpfte meine Mutter und warf den von Motten zerfressenen Schal in den Müll.

  Ich finde meine Brille nicht. Sie ist wieder einmal **sonst wo.**

  Als die Polizei kam, waren die Diebe bereits **über alle Berge.**

der Weg

- der Pfad, der Fußweg, der Gehweg, der Waldweg, der Forstweg, der Trampelpfad, der Reitweg, der Spazierweg, der Wanderweg

  Von unserer Schule führt ein **Trampelpfad** direkt zum Kiosk.

- die Strecke, die Route, die Wegstrecke, der Fahrweg, der Reiseweg, der Anfahrtsweg, der Hinweg, der Rückweg, der Umweg, der Schulweg, der Heimweg, der Nachhauseweg

  Um Zeit zu sparen, nahmen wir die kürzeste **Strecke** zum Flughafen.

weggehen

- sich entfernen, fortgehen, hinausgehen, verlassen, sich trennen, sich davonstehlen, sich aus dem Staub machen, sich auf die Socken machen, abhauen, sich verkrümeln

  Carlotta konnte **sich** kaum von den kleinen Hunden im Tierheim **trennen.**

  Nach der Niederlage **stahlen sich** die Spieler durch den Hinterausgang **davon.**

sich wehren

- sich verteidigen, sich auflehnen, sich widersetzen, nicht hinnehmen, nicht auf sich sitzen lassen, zurückschlagen, bekämpfen, Widerstand leisten, sich aufbäumen, meutern, rebellieren, sich querlegen, sich querstellen, sich auf die Hinterbeine stellen

  „Die Doping-Vorwürfe **lasse** ich **nicht auf mir sitzen!“,** kündigte der Radrennfahrer auf der Pressekonferenz an.

  Im Laufe der Geschichte **leisteten** immer wieder Menschen **Widerstand** gegen Unrecht und Unterdrückung.

Widerstand leisten

A B C D E F G H I J K L M N O P Q R S T U V W X Y Z

wehtun

- schmerzen, bohren, brennen, beißen, drücken, stechen, plagen, ziehen, ziepen, zwicken, zwacken

  Es **ziepte** ein bisschen, als meine Mutter das Pflaster von meinem Knie löste.

- beleidigen, vor den Kopf stoßen, kränken, verletzen, quälen, piesacken, zusetzen, schlagen, misshandeln, treten, foltern

  Mit ihrer schroffen Art **stieß** Jenny immer wieder Menschen **vor den Kopf.**

  Die ganze Nacht hat mich eine Mücke **gepiesackt.**

- sich wehtun: sich verletzen, anschlagen, sich stoßen, hinfallen, sich brechen, sich schneiden, sich verbrennen, sich eine Verletzung/Wunde zuziehen

  Ich **habe** mir an der scharfen Mauerkante das Knie **angeschlagen.**

  Beim Volleyball **brach sich** meine Schwester den Daumen.

weich

- zart, flauschig, wollig, flockig, kuschelweich, seidig, seidenweich, samtig, samtweich

  Lämmer haben ein **flockiges** Fell.

  Ich streichle gerne über das **seidenweiche** Fell meines Hamsters.

- biegsam, dehnbar, elastisch, formbar, geschmeidig, matschig, knetbar, butterweich, wabbelig, schwabbelig, labberig, schlabberig

  Gummibärchen sind süß, bunt und **dehnbar.**

  Wenn man über die Zauberschnur springt, kann man sich nicht wehtun, weil sie **elastisch** ist.

  Ich mag Brezeln, aber nur, wenn sie nicht **labberig** sind.

weil

- da, daher, deshalb, wegen, durch, aufgrund

  Ich konnte nicht zu der Party gehen, **weil** ich krank war.

  Da der Präsident das Dorf besucht, werden die Fahnen gehisst.

  Ich war krank und konnte **daher** nicht am Ausflug teilnehmen.

  Wegen des schlechten Wetters fiel das Sportfest aus.

sich verletzen

weinen

- beweinen, nachweinen, heulen, schluchzen, sich die Augen ausweinen, Tränen vergießen, in Tränen ausbrechen, sich in Tränen auflösen, jammern, wimmern, klagen, plärren, flennen
  Leonie **weinte sich die Augen** nach ihrer entlaufenen Katze **aus.**

weiß

- weißlich, blütenweiß, schneeweiß, reinweiß
  Das Mondlicht schimmerte **weißlich** durch die Bäume.
- matt, blass, farblos, bleich, fahl, käseweiß, kreideweiß, kreidebleich
  Bei dem hohen Wellengang wurden einige Passagiere **kreidebleich** um die Nase.

weit

- breit, ausladend, geräumig, groß, lang
  Der Fluss fließt durch ein **breites** Tal.
  Wir schritten durch die **ausladenden** Flure des Schlosses.
  Lissi hat einen **langen** Schulweg.
- fern, weit weg, entfernt, am Ende der Welt, meilenweit, grenzenlos, eine halbe Ewigkeit
  Die Tankstelle ist nur einen Kilometer **entfernt.**
  An diesem Strand kann man **meilenweit** laufen.
  Die Reise mit dem Schiff dauerte **eine halbe Ewigkeit.**
- locker, nicht anliegend, nicht eng, groß, nicht fest
  Secondhand-Hosen sitzen entweder zu eng oder zu **locker.**

wenig

wenig

- ein bisschen, ein wenig, eine winzige/geringe Menge, nicht viel, etwas, eine Kleinigkeit, eine Spur, wie ein Tropfen auf den heißen Stein, fast nichts, fast gar nicht, so gut wie nie

  Eine winzige Menge Chili genügt, um die Pizza ungenießbar zu machen.

  Vor Aufregung konnte ich **fast gar nichts** essen.

  In der Wüste regnet es **so gut wie nie.**

Angesichts der gigantischen Schäden, die das Erdbeben verursacht hat, war unsere Spende nur **wie ein Tropfen auf den heißen Stein.** Diese Redensart meint, dass etwas viel zu wenig ist und so schnell aufgebraucht wird, wie ein Tropfen Wasser auf einem heißen Stein verdunstet.

werfen

- stoßen, schleudern, schmeißen, abwerfen, auswerfen, herunterwerfen, hinwerfen, zuwerfen, hinauswerfen, ausstoßen, fallen lassen, schmettern, donnern, feuern, klatschen, zuknallen, ballern, pfeffern

  Rengin **schmiss** sich vor Wut auf den Boden.

  Die Matrosen **warfen** den Anker **aus.**

  Kranke Tiere **werden** aus dem Rudel **ausgestoßen.**

  Der Wind **knallte** die Tür **zu.**

- gebären, Junge bekommen, zur Welt bringen

  Die Hündin **brachte** acht gesunde Welpen **zur Welt.**

wichtig

- bedeutend, von großer Bedeutung, wesentlich, bemerkenswert, zentral, grundsätzlich, denkwürdig, dringend, brennend, schwerwiegend, ernst, lebenswichtig, lebensnotwendig, unentbehrlich

  Die **zentrale** Stelle der Geschichte spielten wir mit verteilten Rollen nach.

  Meine Einschulung war ein **denkwürdiges** Ereignis für mich.

  Die Wahl einer weiterführenden Schule ist eine **schwerwiegende** Entscheidung.

  Für die Seefahrer war es **lebensnotwendig,** genügend Trinkwasser an Bord zu haben.

wieder

- noch einmal, ein weiteres Mal, erneut, von Neuem, abermals, nochmals, wiederholt, immer wieder, aufs Neue, von vorne

  Zusammen mit meiner Freundin machte ich mich **aufs Neue** an die schwierige Aufgabe.

der Wind

- die Brise, die Böe, das Lüftchen, der Lufthauch, der Windstoß, der Durchzug, die Zugluft, der Sturm, der Orkan, der Hurrikan, der Taifun, der Ost-/Nord-/West-/Südwind, der Wirbelwind, der Wirbelsturm, der Sturmwind, der Herbststurm, der Gegenwind, der Rückenwind, der Fahrtwind, der Föhn, der Mistral, der Monsun, der Schirokko

  Der Sprinter konnte den Rekord nur brechen, weil er **Rückenwind** hatte.

  Lisas lange Haare flatterten im **Fahrtwind.**

windig

- stürmisch, böig, luftig, zugig, frisch, stark wehend, windreich

  Auf der Dachterrasse ist es zu **zugig,** um sich zu sonnen.

wirklich

- echt, tatsächlich, in Wirklichkeit, wahr, der Wahrheit entsprechend, bestimmt, gewiss, sicher, in der Tat, ungelogen

  Diese Geschichte hat sich **tatsächlich** zugetragen.

  Ich bin **in der Tat** gespannt, wie die Serie weitergeht.

  Ungelogen, ich weiß **echt** nicht, wo Tills Handy ist.

der Witz

- der Scherz, der Kalauer, der Spaß, der Gag, der Joke

  Über die **Kalauer** meines Onkels muss ich immer sehr lachen.

  Mein Vater hat den **Gag** der Geschichte verpasst, weil er nebenher Zeitung gelesen hat.

wichtig

A B C D E F G H I J K L M N O P Q R S T U V W X Y Z

a b c d e f g h i j k l m n o p q r s t u v w x y z

wohnen

wohnen

- leben, ansässig sein, heimisch/daheim sein, wohnhaft sein, seinen Wohnsitz haben, bewohnen, untergebracht sein, hausen, residieren

  Die Flüchtlinge **waren** in Zelten **untergebracht.**

- übernachten, absteigen, logieren, sich einmieten, sich einnisten, sich breitmachen

  Meine Schwester hat sich von ihrem Freund getrennt und **macht sich** wieder bei uns **breit.**

wollen

- beabsichtigen, vorhaben, planen, sich vornehmen, bezwecken, sich in den Kopf setzen, im Sinn haben, ins Auge fassen

  Wir **planen,** in den Ferien unsere Tante zu besuchen.

  Ninas Mutter **hat sich vorgenommen** wieder als Busfahrerin zu arbeiten.

  Was Kim mit seinen Faxen **bezweckt,** weiß keiner.

- haben wollen, wünschen, Lust haben, mögen, herbeisehnen, verlangen, bestehen auf, nicht lockerlassen, nicht ablassen, sich verbeißen, scharf sein auf

  Bei dieser Hitze **hatten** wir alle **Lust** auf Eis.

  Meine Eltern **bestanden darauf,** dass wir Sonnencreme mitnahmen.

wunderbar

- großartig, wunderschön, wundervoll, fabelhaft, hinreißend, märchenhaft, fantastisch, beeindruckend, sensationell, überwältigend, super, toll, cool, spitzenmäßig, genial

  Die Sängerin hat eine **hinreißende** Stimme.

seinen Augen nicht trauen

sich wundern

- staunen, erstaunt sein, verwundert sein, überrascht sein, stutzen, verblüfft sein, verdutzt sein, sprachlos sein, entgeistert sein, nicht fassen können, große Augen machen, seinen Augen nicht trauen, aus dem Staunen nicht mehr herauskommen, aus allen Wolken fallen, Bauklötze staunen, mit den Ohren schlackern

  Über meine hohe Handy-Rechnung **war** ich sehr **verwundert.**
  Die Kriminalbeamten **stutzten,** als sie die offene Tür sahen.
  Wir **kamen aus dem Staunen nicht** mehr **heraus,** als Sina plötzlich ohne Stützräder losfuhr.

Papa **hat Bauklötze gestaunt,** als er mein Zeugnis sah. Die Redewendung „Bauklötze staunen" kommt vielleicht daher, dass vor Staunen aufgerissene Augen so groß wie Bauklötze aussehen.

die Wut

- der Zorn, die Empörung, der Ärger, der Wutanfall, der Wutausbruch, der Jähzorn, die Raserei, die Mordswut, die Stinkwut

  Normalerweise ist Papa ganz entspannt, aber manchmal bricht er in **Jähzorn** aus.

wütend

- zornig, empört, entrüstet, erzürnt, böse, gereizt, erregt, rasend, wutentbrannt, wutschnaubend, fuchsteufelswild, geladen, stinksauer

  Wutschnaubend verließ der Spieler den Platz, als ihm die rote Karte gezeigt worden war.
- wütend sein: sich aufregen, die Beherrschung verlieren, rasen, toben, schäumen, außer sich sein, sich vergessen, vor Wut kochen, an die Decke gehen, aus der Haut fahren, eine Mordswut im Bauch haben, in Fahrt sein, auf hundertachtzig sein, einen Hals haben, geladen sein, ausflippen, ausrasten

  Joschi **verliert** leicht **die Beherrschung,** wenn etwas nicht so klappt.
  Mama könnte immer **aus der Haut fahren,** wenn wir am Tisch schmatzen.
  Ich **habe eine Mordswut im Bauch.**

zart

- zierlich, zerbrechlich, fein, empfindlich, dünn, schmächtig, schwach, schwächlich, kraftlos, leicht, weich, butterweich, mild

  Aschenputtel hatte **zierlichere** Füße als ihre Schwestern.
  Die Porzellanpuppe meiner Tante hat ein sehr **feines** Gesicht.
  Obwohl Julia klein und **schmächtig** ist, vertritt sie ihre Meinung sehr energisch.
  Das Fleisch war perfekt gebraten: dunkelrosa und **butterweich.**

- behutsam, sanft, einfühlsam, rücksichtsvoll, vorsichtig, schonend, sachte, rücksichtsvoll, zartfühlend

  Beim Gutenachtkuss streichelt mir Mama **sanft** über die Haare.
  Mein kleiner Bruder geht nicht gerade **zartfühlend** mit meinen Meerschweinchen um.

das Zeichen

- die Handbewegung, das Handzeichen, die Geste, die Gebärde, der Wink

  Der Polizeihund reagiert auf jede **Geste** seines Herrn.
  Gehörlose Menschen verständigen sich durch **Gebärden.**

- das Erkennungszeichen, das Kennzeichen, das Autokennzeichen, die Markierung, das Lesezeichen, das Abzeichen, das Sportabzeichen, das Wahrzeichen

  Während ich las, machte ich mir **Markierungen** an den Rand.
  Das **Wahrzeichen** von Mannheim ist der Wasserturm.

- das Signal, das Warnzeichen, das Alarmzeichen, das Klingelzeichen, das Besetztzeichen, das Pausenzeichen, das Klopfzeichen

  Der Autofahrer hörte trotz des lauten Radios das **Signal** und blieb rechtzeitig stehen.
  Die Rettungskräfte wurden durch **Klopfzeichen** auf die Verschütteten aufmerksam.

das Symbol, das Piktogramm, das Verkehrszeichen, das Schriftzeichen, das Satzzeichen

Piktogramme sind einfache Bilder. Sie dienen weltweit als Wegweiser und Orientierungshilfe.

Japanische **Schriftzeichen** sind für Europäer schwer zu erlernen.

das Anzeichen, das Vorzeichen, der Hinweis, das Symptom, das Krankheitszeichen, das Lebenszeichen

Pinocchios lange Nase war ein **Hinweis** darauf, dass er schwindelte.

Jeder kennt die **Symptome** einer Erkältung: Müdigkeit, Schnupfen, Halsweh, Husten.

zeigen

hinzeigen, hindeuten, deuten, Zeichen geben, hinweisen, signalisieren, anzeigen, einen Wink geben, aufmerksam machen

Die Magnetnadel am Kompass **deutet** immer nach Norden.

Das Barometer **zeigt** Wetterbesserung **an.**

Ein Hausbewohner **gab** der Polizei **einen Wink,** wo die Diebesbeute versteckt sein könnte.

erklären, vormachen, beibringen, anweisen

Ich **zeige** dir, wie die Waschmaschine funktioniert!

Die Stewardess **wies** uns **an,** was wir im Notfall zu tun hatten.

vorführen, vorzeigen, sehen lassen, betrachten lassen, vorlegen

Stolz **führte** uns Nele ihren neuen Computer **vor.**

An manchen Grenzen muss man seinen Personalausweis **vorlegen.**

sich zeigen: hervortreten, auftreten, sich herausstellen, sich erweisen, sich ergeben, sichtbar werden, auftauchen, kommen, zum Vorschein kommen, ans Licht kommen

Ob unsere Seifenkiste rollt, **wird sich** bald **herausstellen.**

Im Schnee **werden** die ersten Schneeglöckchen **sichtbar.**

Zwischen den Wolken **tauchte** plötzlich der Mond **auf.**

In der Theater-AG kam Zoes schauspielerische Begabung **ans Licht.**
Zoe war in der Klasse bisher nicht aufgefallen. Erst als sie eine Theaterrolle übernahm, zeigte sie Fähigkeiten, die bisher niemand gesehen hatte. Sie waren bis dahin sozusagen „im Dunkeln“ geblieben.

A B C D E F G H I J K L M N O P Q R S T U V W X Y Z

a b c d e f g h i j k l m n o p q r s t u v w x y z

die Zeit

- der Zeitpunkt, der Moment, der Augenblick, die Abfahrtszeit, die Ankunftszeit, die Anfangszeit, die Uhrzeit, die Essenszeit, die Tatzeit

  „Um zwölf Uhr ist **Essenszeit!**“, rief uns die Herbergsmutter hinterher.

- der Zeitraum, die Frist, die Zeitspanne, der Zeitabschnitt, die Epoche, die Zeitdauer, die Jahreszeit, die Tageszeit, die Lebenszeit, die Schulzeit, die Ferienzeit, die Jugendzeit, die Arbeitszeit, die Freizeit, die Spielzeit, die Halbzeit, die Reisezeit, die Sendezeit, die Fahrtzeit, die Unterrichtszeit, die Backzeit

  Wir haben **eine Frist** von zwei Wochen, unseren Beitrag für die Schülerzeitung fertigzustellen.
  Mit der Erfindung der Dampfmaschine begann eine neue **Epoche.**
  Zu dieser **Tageszeit** sind alle Feriengäste am Strand.

zerstören

- kaputtmachen, zerbrechen, zerschlagen, zerdrücken, zerfetzen, zertrümmern, zertrampeln, vernichten, zugrunde richten, zerrütten, ruinieren, verwüsten, sprengen, niederreißen, in Stücke/Fetzen reißen, in die Luft jagen, in Schutt und Asche legen, plattmachen, kurz und klein schlagen

  Der Neubau der Straße **vernichtete** den Lebensraum vieler Tiere.
  Andauernde Streitigkeiten können Freundschaften **zerrütten.**
  Mit ihrem übertriebenen Ehrgeiz **ruinierte** die Sportlerin ihre Gesundheit.
  Vulkanausbrüche können ganze Dörfer und Städte **in Schutt und Asche legen.**
  Mutwillig **schlug** die Bande alles **kurz und klein.**

ziehen

- hinter sich herziehen, schleifen, zerren, schleppen, hochziehen, heraufziehen, herausziehen, wegziehen, entfernen, hereinziehen, mitziehen, ins Schlepptau nehmen, dehnen, strecken, spannen, reißen, zupfen, rupfen

  Zu spät **zog** mein Vater den Milchtopf von der Herdplatte **weg.**
  Der Arzt **entfernte** vorsichtig die Splitter aus meinem Fuß.
  Das Motorschiff **nahm** den Kahn **ins Schlepptau.**

in die Luft jagen

sich bewegen, sich fortbewegen, umziehen, übersiedeln, fortziehen

Der Demonstrationszug **bewegte sich** in Richtung Rathaus.
Meine Tante gibt ihre Stadtwohnung auf und **übersiedelt** aufs Land.
Im Winter **ziehen** viele Vögel **fort.**

das Zimmer

der Raum, der Wohnraum, das Wohnzimmer, das Esszimmer, das Speisezimmer, das Schlafzimmer, das Badezimmer, das Kinderzimmer, das Spielzimmer, das Gästezimmer, das Arbeitszimmer, das Klassenzimmer, das Lehrerzimmer, das Hotelzimmer, das Einzelzimmer, das Doppelzimmer, das Wartezimmer, das Nebenzimmer, das Turmzimmer, das Eckzimmer, die Stube, die Kammer, die Kemenate, das Gemach, die Bude, das Kabuff, die Zelle

Das Burgfräulein zog sich in ihre **Kemenate** zurück. Das Frauengemach in einer Ritterburg nennt man Kemenate. Der Begriff wurde abgeleitet aus dem lateinischen Wort „caminare". Das bedeutet „mit einem Kamin versehen". Tatsächlich waren nur die Kemenaten in einer Burg beheizbar. Heute versteht man unter einer Kemenate ein kleines Zimmer, in das man sich gerne zurückzieht.

zuerst

- zunächst, erst einmal, als Erstes, anfangs, anfänglich, in der ersten Zeit, zu Beginn, am Anfang, zum Auftakt, vorher, vorweg

  Erst einmal wascht ihr euch die Hände, dann gibts Essen!
  In der ersten Zeit fand ich Marie ganz sympathisch. Jetzt kann ich sie nicht mehr leiden.
  Zum Auftakt des Festes spielte unser Schulorchester.

- als Erste/Erster, vor anderen, zuallererst

  Wer **als Erster** mit der Aufgabe fertig ist, kann den anderen helfen.

zugeben

- gestehen, eingestehen, bekennen, mit der Sprache/Wahrheit herausrücken, beichten, auspacken, die Katze aus dem Sack lassen

Plötzlich **ließ** der Angeklagte **die Katze aus dem Sack.** Diese Redewendung kommt aus dem Mittelalter. Damals verkauften manche Händler in betrügerischer Absicht eine Katze im Sack anstelle eines Huhns oder Ferkels. Wenn der Käufer den Inhalt des Sacks nicht überprüfte, dann hatte er Geld für etwas Wertloses ausgegeben. Das stellte er aber erst zu Hause fest, wenn er den Sack aufmachte.
Mit der Redewendung „die Katze aus dem Sack lassen" ist heute gemeint, dass die Wahrheit ans Licht kommt.

zuletzt

- schließlich, letztlich, endlich, zum Schluss, nach längerem Warten, nach längerer Zeit, in letzter Minute, gerade noch, letzten Endes
  Endlich löste sich der Stau auf.
  Letzten Endes gelang unserer Mannschaft doch noch ein Tor.
- als Letzte/Letzter, zuallerletzt
  Hanna trödelt gerne. Sie kommt immer **als Letzte.**

zumachen

- schließen, abschließen, verschließen, zusperren, absperren, versperren, abriegeln, verriegeln, zuklappen, zuschlagen, zuwerfen, zuknallen, zudrücken, zukneifen, zupressen, zubinden, verschnüren, zustopfen, zuschrauben, zudrehen, zuziehen, zukleben, zustoßen, blockieren, vernageln, verrammeln
  Auf dem Foto **kneife** ich die Augen **zu,** weil das Blitzlicht so grell war.
  Wir **verschnürten** das Paket und brachten es zur Post.
  Damit keiner durch das Schlüsselloch gucken konnte, **stopften** wir es mit Papier **zu.**
  Bei einem Angriff **verrammelten** die Bürger früher ihre Stadttore mit schweren Gegenständen.
  Die Kiste wurde für den Transport **vernagelt.**

- zuhaben, nicht mehr geöffnet haben, aufgeben, den Betrieb einstellen, dichtmachen, stilllegen, Feierabend machen
  Der Bäcker an der Ecke **hat** um diese Zeit **zu.**
  Der Schreibwarenhändler **gab** sein Geschäft **auf,** weil die Miete zu teuer geworden war.
  Die Eisenbahnlinie wurde **stillgelegt.**

zurück

- rückwärts, nach hinten, umgekehrt, in umgekehrter Richtung
  Als der Bus kam, machte Marie einen Schritt **nach hinten.**
- nach Hause, zu Hause, heim, heimwärts
  Jetzt gehts endlich **nach Hause!**

zusammen

- miteinander, gemeinsam, gemeinschaftlich, einmütig, beieinander, in der Gruppe, im Team, Arm in Arm, Hand in Hand
  Guten Morgen, alle **miteinander!**
  Nach meiner Heimkehr saßen wir noch lange **beieinander.**
  Manche Kinder lernen **in der Gruppe** besser als alleine.
- gleichzeitig, im selben Moment/Augenblick, zur selben Zeit, zugleich, auf einmal
  Die Feuerwerksraketen stiegen alle **zur selben Zeit** in den Himmel.
- alles in allem, im Ganzen, komplett, alles zusammengenommen
  Meine Musikanlage kostete **alles in allem** gerade so viel, wie ich gespart hatte.

A B C D E F G H I J K L M N O P Q R S T U V W X Y Z

Die schlauen Wörterbücher für die Grundschule

Das Grundschulwörterbuch mit Trainings-CD-ROM

Ab der 2. Klasse

Damit Grundschüler spielerisch Nachschlagetechniken üben und die wichtigsten Rechtschreibregeln trainieren können, bieten wir das Grundschulwörterbuch samt Trainings-CD-ROM. Das Buch umfasst die 11500 Begriffe, die Kinder in der Grundschule brauchen, und ein Wort-Bild-Lexikon Englisch. Die CD-ROM unterstützt das zielgerichtete Üben mit interaktiven Spielen, Wörtersammlungen und Arbeitsblättern.

ISBN 3-411-72461-7

Das Grundschulwörterbuch Englisch mit Aussprachetrainer auf CD-ROM

Ab der 3. Klasse

Zwei alphabetische Wörterlisten mit jeweils 2 000 Wörtern ermöglichen Englischeinsteigern das selbstständige Nachschlagen und unterstützen sie beim Aufbau eines Grundwortschatzes. Zum Erlernen der richtigen Aussprache bietet die CD-ROM sämtliche Wörterbucheinträge, von Muttersprachlern gesprochen, und 10 witzige interaktive Spiele.

ISBN 3-411-72401-3